변명
과
취향

변명과 취향

철학의 현장에서
기록한
불화의 목소리

김영건 지음

( )최측의농간

서문

 이 책은 2006년 12월부터 한 2년 동안 블로그에 자유롭게 썼던 글들을 수정하고 새롭게 보충한 것이다. 블로그에 있는 글들을 모아 책을 내자는 출판사의 제안에 아주 가벼운 마음으로 찬동했고, 그런 제안을 해 준 출판사가 너무 고마웠다. 블로그에 있는 글을 수정하고 보충하는 데 그렇게 많은 시간이 걸릴 것이라고는 전혀 생각하지 않았다. 그런데 이런 내 생각이 실책이었다.

시간이 지체된 가장 큰 요인은 변해버린 내 스타일 때문이었다. 논증을 강조하면서 논증적 글쓰기를 연습하다 보니, 과거 블로그에 썼던 글들에 내 스스로 매력을 느끼지 못하게 되었다. 내가 쓴 글이 너무 유치하게만 느껴졌다. 이것을 책으로 낼 필요가 있는 것인지 강한 회의감이 들었다. 이러한 종류의 글들은 그냥 개인 블로그에 있으면 그것으로 충분할 것 같았다. 차라리 처음부터 다시 쓰는 것이 더 바람직해 보였지만, 이것은 출판사가 원하는 것이 아니었다.

출판사가 원하는 종류의 글이 이 책의 첫 부분을 이루고 있는 글들이다. 내 블로그에 '변명과 취향'이라는 제목으로 썼던 글이다. 출판사는 가급적 글을 변형하지 않기를 요구했지만, 유치한 혹은 내 개인적 심상이 담긴 표현들은 삭제해버렸고, 중간 중간에 변모해버린 내 생각을 집어넣었다. 그냥 담담하고 무미건조하게 쓰려 노력했다. 문학적이며 실존적이었던 취향이 어떻게 논리적이며 논증적 취향으로 변화하는지, 이것이 그 글들의 초점이다.

두 번째 부분은 철학적 사유, 혹은 논증적 사유를 몇몇 철학적 주제들을 통해 소개하면서 내 스스로 그 사유를 연습해본 것이다. 문학적 철학과 논증적 철학의 쟁점이 되는 문제들을 중심으로 그에 대한 내 생각을 자유롭게 써 보았다.

우리 가족 중 하나가 말한다. 알아들을 수 있는 철학책을 써라. 몇 줄 읽다 다른 생각이 들거나 슬며시 눈이 감기는 그런 책이 아니라, 인문학 교육을 제대로 받지 못한 사람들이 진짜 도움을 받을 수 있는 그런 책을 써라. 그런 우리 가족에게 대꾸한다. 그런 책을 쓰기 위해서는 대단한 능력이 있어야 한다. 슬프게도 내게는 그런 능력이 없다.

이 두 번째 부분이 내가 그런 능력이 있는지 없는지 확인했던 부분이다. 이 부분은 '철학개론'이나 '논리와 비판적 사고'라는 교양 과목에서 함께 생각해보았던 몇몇 철학적 주제들을 다루고 있다. 그 철학적 주제들은 문학적 철학과 논증적 철학의 철학적 쟁점에 관한 것이기도 하다. 내가 그것을 할 수 있는 능력이 없어서 그렇지 사실 철학에 관심 있는 사람들에게 철학을 쉽게 소개하고 그로부터 스스로 생각할 수 있도록 돕는 일은 철학의 매우 중요한 기능이다. 내 능력으로 감당할 수 없는 부분이었지만, 그럼에도 우리 가족이 나에게 요구한 조건들을 충족시켜보고자 매우 노력했다.

세 번째 부분은 첫 번째와 두 번째 부분에서 내가 정말로 하고 싶었던 이야기, 즉 내 목소리를 논증적으로 표현해본 것이다.

이 책으로 나는 철학을 문학적으로 혹은 실존적으로 바라보았던 내 과거 관점이 나도 모르는 사이에 논증적 철학으로 변모하게 된 과정을 추적하고자 했다. 이 책은 그 변모의 과정을 옹호하고 있는 불완전한 흔적이며, 한 철학 전공자가 철학이나 문학 또는 인문학에 관심이 있는 사람들과 나누고 싶은 이야기다. 이런 것에 관심이 있는 누군가에게 이 책이 조금이라도 도움을 준다면 매우 좋을 것 같다. 시간이 많이 지체되었음에도 묵묵하게 기다려준 출판사 식구들에게 고마움을 전한다.

차례

서문　005

I
취향

1. 표현과 논증　015
2. 허영　018
3. 우리 철학　022
4. 가라타니 고진의 크립키　027
5. 실존적 동기　033
6. 이론적 태도　038
7. 철학의 실용성　042
8. 가라타니 고진의 비트겐슈타인　048
9. 유행과 수용　053
10. 철학과 논증　059
11. 철학과 서사　066
12. 푸코와 비트겐슈타인　075
13. 취향의 억압　082
14. 본래성　087
15. 유치한 감동　094
16. 한 문학평론을 이해하기 위해 필요한 것들　101
17. 변신　107
18. 연상적 사유　114
19. 도덕적 혹은 인간적　123

20. 자기 이야기   129
21. 철학적 치료   139
22. 미학자   150
23. 개방성   154
24. 다시 그것을 찾아서   165

II

변명

1. 변명 혹은 변론   173
2. 소크라테스의 변론   175
3. 데카르트의 방법적 회의   179
4. 논증적 철학   183
5. 한국철학   188
6. 언어와 사고   194
7. 논증적으로 철학하기   199
8. 논증 만들기   204
9. 명백하게 표현하기   207
10. 부재의 존재   214
11. 존재와 무   219
12. 비트겐슈타인과 하이데거   224
13. 계보학적 사유   233
14. 모순   240
15. 언어 불신주의   248
16. 언어 적대주의   252
17. 언어와 실재   258
18. 개념적 구분   262

19. 맹자에 대한 고자의 비판 논증 267
20. 다양성과 다원주의 271
21. 상대주의 277
22. 장자의 「소요유」 280
23. 연상적 사유와 발생적 사유 285
24. 입증하라. 290
25. 형이상학 294
26. 한국미학과 구성적 형이상학 301
27. 심미 형이상학 307
28. 존재의 윤리 313
29. 왜 아직도 철학이 필요한가? 320

III

목소리

333

취향

1
표현과 논증

표현하고 싶다는 욕구와 논증해야 한다는 의무 사이에서 갈등한다. 그러나 논증해야 한다는 의무를 철저하게 배웠다고는 생각하지 않는다.

러셀B. Russell의 『철학의 문제들The Problems of Philosophy』 (1912)이 주었던 낯선 풍경. 사실 나는 그것이 철학인지 몰랐다. 현상과 실재의 구분, 관념론에 대한 비판, 선천적 혹은 선험적 지식의 문제, 보편자의 문제. 이 모든 것은 나에게 다음과 같은 의문을 제기하도록 만들었다. 도대체 왜 이것이 철학이어야 하는가? 이것들은 도대체 우리 삶, 혹은 내 삶의 문제들과 무슨 관계가 있는가?

오히려 우주나무, 통과제의, 영웅담, 이런 이야기가 나오는 수업이 더욱 좋았다. 게다가 이제는 이 세상 사람이 아닌, 매우 지성적인 선생이 날카롭게 학생들을 몰아세우고 있었다. 풍부한 지성적 자극, 내가 모르는 세계에 대한 소개; 그것은, 현상과 실재를 따지고, 일반적 진리가 어떻게 정당화될 수 있는지, 선험적 진리, 즉 경험으로부터 독립적으로 정당화되는 그런 진리가 있어야 한다는 것을 생각하는 철학보다 더욱 흥미진진했다. 아마도 포스트모더니즘이나 그와 유사한 사유를 좋아하는 사람들의 심리가 이와 비슷하지 않을까 생각한다.

나는 러셀의 작은 책으로부터 철학개론을 배웠지만, 그 당시에는 철학사를 요약한 철학개론이 지배적이었다. 어떤 의미에서 그것은 도덕 교과서의 확장판에 불과하다. 플라톤이 이렇게 주장했다. 아리스토텔레스가 이렇게 반박했다. 중세를 뛰어 넘고, 합리론과 경험론을 다루고, 겨우 칸트 정도에 도달하면 한 학기가 끝났다.

그러나 이러한 철학 수업이 철학에 대한 관심과 호기심을 철학에 대한 적개심으로 만들었다고 생각한다. 그것은 단지 철학에 대한 소개와 철학적 정보에 대한 암기에 지나지 않았다. 그렇지만 아마도 문제 중심적이며 논증을 강조하는 철학개론도 역시 마찬가지였을 것이다. 따라서 우리가 원하는 것은 과거의 유산이 아니며, 답답하고 추상적인 논리 풀이나 말장난도 아니다. 그것보다 더 중요하고 심오한 어떤 것이다. 그것을 가르쳐 달라. 그것이 필요하다.

분석철학의 지겨움에 대해 힐난하는 내용이 실린 박찬욱 인터뷰를 본 적이 있다. 그때 그는 박노해 시집을 옆에 끼고 마치 시인처럼 다녔다.

두 가지가 서로 대립한다. 감수성이 풍부하고 자기 표현력이 강하며 창조적이길 원하는 사람에게 이러한 철학은 지옥이다. 그것은 진짜 중요한 우리 삶의 문제나 우리가 원하고 있는 것에 대해 말하기를 회피한다. 따라서 독학하는 편이 더 낫다. 독학하는 방법의 하나가 진정한 철학을 찾기 위해 '강단철학'을 떠나는 것이다.

2
허영

 내 취향이 많이 변했다. 다음과 같은 용어들이 눈에 거슬린다. 인식론적 제의, 상생의 창조성, 문학적 베팅, 확신의 윤리와 책임의 윤리, 논쟁화와 파편화, 퇴행적 양상, 미적 모더니티의 급진성, 싸이렌의 노랫소리, 선형적 서사의 파괴, 서사의 부재, 현상적 모습을 근거로 기원으로 되돌리는 자연주의적 방식, 인식론적 단절, 비관을 경계하고 낙관적 전망을 즐기는 독자, 탈주의 가능성, 혼종적 글쓰기, 그리고 무중력의 공간.

아, 모두 멋있는 말이다. 그런데 그냥 '속물' 같다는 생각이 든다. 혹은 자신을 변명, 혹은 변론하고 있는 소크라테스가 생각난다.

신탁이 소크라테스에게 말한다. 네가 아테네에서 가장 현명한 자다. 소크라테스는 스스로 자문해 본다. 과연 내가 가장 현명한 자인가? 나보다 더 현명한 자를 찾아내면 신탁의 소리를 반박할 수 있다. 소크라테스는 정치가를 찾아간다. 그런데 정치가는 현명한 자가 아니다. 왜 그는 현명한 자가 아닌가? 그는 모르면서 아는 척 한다. 그는 진정한 선善과 미美가 무엇인지 모르면서 마치 다 아는 척 이야기한다. 소크라테스는 시인을 찾아간다. 그러나 그 역시 모르면서 아는 척 한다. 따라서 그는 현명한 자가 아니다. 소크라테스는 장인을 찾아간다. 그 역시 모르면서 아는 척 한다. 그는 자기 분야에서 일어나는 모든 일에는 정통하지만, 그것을 모든 분야로 확장하여 마치 모든 것을 다 아는 척 한다. 따라서 그는 현명한 자가 아니다.

"한 사람의 비평가로 새로 태어나는 것과 같은 소중한 인식론적 제의를 겪게 되었다." 그러나 그냥 "소중한 깨달음을 얻었다."라고 표현해도 되지 않는가? 혹은 "소중한 지성적 통찰을 얻었다."라고 표현할 수 있지 않은가? 어떤 중대한 차이가 있는가?

"비판의 본질은 상생의 창조성임이 분명하다." 그렇지만, "비판은 파괴적인 것일뿐만 아니라, 생산적인 것이기도 하다."라고 말해도 되지 않는가? 아니면 "비판이 늘 부정적인 것만은 아니다. 오히려 그것은 비판하는 자와 비판당하는 자 모두에게 긍정적인 것이다."라고 말해도 되지 않는가?

그렇지만, 그렇지만, 무엇인가 아주 중요한 것, 아주 절실하고 심오한 어떤 것이 사라지고 있는 것은 아닌가? 그 사라지는 것이 무엇인가? 혹시 사라져도 아무런 상관없는 것은 아닌가? 혹은 반드시 사라져야만 하는 그런 것은 아닌가?

어떤 의미에서 그것은 1930년대 동경 유학생들이 겪었던 그런 것이라고 생각한다. 여전히 우리에게는 그 흔적이 강하게 남아 있다. 따라서 과장하지 말라. 그러면 아마 이 땅에서 자기 발로 설 수 있을지 모르겠다.

아마 '인식론적 단절'이라고 표현할 것이다. 그러나 그것은 '존재론적 단절'까지도 함축할 것이다. 우리의 전통은 우리의 말발을 세워주지 못한다. 우리가 동경하는 것은 우리의 말발을 세워주는 어떤 것, 즉 동경 유학생들이 찾고 있었던 그런 것이다. 아마도 다음과 같은 말을 덧붙일 수도 있다. 진정한 근대인의 탄생이나 근대적 주체의 탄생이 시작되었다. 아마도 그는 전혀 다른 종류의 인간일 것이다.

폐허 위에서 새롭게 탄생하기 때문에 아주 당연하게도 전통은 우리에게 어떤 모형을 제공해주지 못한다. '정전'이라고 표현해도 좋을 것이지만, 나는 이 말이 싫다. 이것이 바로 내 취향이다.

3
우리 철학

　박종홍은 왜 한국사상사를 쓰기 시작했을까? 논리학, 인식논리, 변증법 등의 서양철학에 대한 글을 쓰던 그가 왜 갑자기 한국사상사라는 작업, 그것도 불교에 한정된, 미완에 그쳐버린 그런 작업을 했을까?

나는 우리의 철학을 공부하고 싶다. 나는 외국어가 주인이 되는 그런 철학이 아니라, 우리말로 된 철학을 하고 싶다. 이것은 단지 내가 외국어를, 즉 영어, 독일어, 프랑스어, 나아가 그리스어나 라틴어를 모르거나 못하기 때문에 그런 것만은 아니다. 어떤 철학적 문제에 대한 외국인 학자들과의 대화가 아니라, 우리 철학동네 사람들과 이야기하고 싶기 때문이다.

비트겐슈타인이 『쪽지Zettel』에서 이렇게 말한다. "철학자는 사유 공동체의 시민이 아니다. 그 아님이 그를 철학자로 만드는 것이다."

비트겐슈타인의 말은 참으로 멋있다. 어떤 의미에서는 내가 한국철학을 해야만 주체적 철학자가 되는 것이 아니다. 한국철학이라는 사유의 공동체에서 공유되고 있는 어떤 생각을 내가 수용해야만 비로소 한국철학자가 되는 것도 아니다. 오히려 철학은 개인적 활동이다. 퇴계의 철학은 한국철학의 한 핵심이지만, 이는 그가 한국철학이라는 사유 공동체의 공유된 생각을 수용했기 때문에 그런 것은 아니다. 그는 자신이 관심을 갖고 있는 철학적 혹은 지성적 문제에 대해 공부한다. 그리고 자기 생각을 그것에 관심 있는 사람들과 이야기 나눈다. 그의 생각을 수용하는 사람도 있고, 그의 생각을 신랄하게 비판하는 사람도 있다. 이런 의미에서 철학자는 어떤 특정한 사유를 공유하는 사유 공동체의 주민이 아니다. 오히려 이야기를 나눌 수 있는 주민들이 있다는 의미에서 그는 사유 공동체에 속한다.

물론 우리에게도 이런 형식적 공동체가 있다. 그러나 여전히 실질적으로 이야기를 나눌 수 있는 공동체는 없다. 따라서 대화 상대자를 찾아 다른 곳에 있는 공동체를 찾는다. 그러나 그들은 결코 대화 상대가 될 수 없다. 오직 그들의 소리를 경청할 뿐이다.

내가 과거에 배웠던 중국철학사는 그냥 한문 강독이었다. 고전에 해당하는 한문 텍스트를 읽은 것이 아니라, (지금은 『중국철학강의』(2011)로 번역되어 나온) 모종삼의 책 일부분을 복사해 읽었다. 지금도 그렇지만 나는 이런 수업이 제일 싫다. 그냥 번역이기 때문이다. 오직 그냥 번역일 뿐이다. 그러나 수업을 하는 사람의 입장에서 보면 이런 수업이 제일 편하다. 그냥 덜렁덜렁 가서 잘못된 번역만 고쳐주면 된다. 언어 실력이 부족한 약자들은 결코 철학적 질문을 할 생각을 감히 하지 못한다.

철학이 마치 언어의 문제나 번역의 문제처럼 된다. 철학 책을 읽기 위해 외국어를 공부해야 하는 것은 분명하지만, 번역이 철학의 모든 것은 아니다. 번역된 내용이 과연 설득력이 있는지 따져 보는 것이 철학이다. 그것이 정말 우리에게, 혹은 나에게 가치가 있는가? 그러나 언제나 이러한 질문이 실종된다. 가치는 이미 있는 것으로 전제되기 때문이다. 따라서 우리는 그것을 올바르게 번역해야 하고, 그로부터 가치가 있는 것을 배워야만 한다. 올바르게 번역했는지, 혹은 올바르게 해석했는지, 그것만이 중요할 뿐이다. 그러나 번역만 하는 우리의 철학 강독은 가짜다.

나는 무엇인가 표현하고 싶다. 나는 내 주위의 모든 것에 관해 진지하게 알고 싶다. 그러나 강독만 하는 수업, 즉 번역만 하는 수업 속에서 질식하고 있다. 이래서 철학을, 혹은 강단철학을 떠난다. 그렇지만, 사실 제대로 된 강독에서는 아주 많은 것을 배울 수 있다.

한 학기 동안 하나하나 번역하면서 데카르트의 『성찰』을 겨우 20페이지 나갔다. 등록금이 매우 아깝다는 생각이 들었다. 돈의 문제보다 더 중요한 것이 있을 것이다. 그러나 그 중요한 것 때문에 한 학기에 겨우 20페이지에 불과한 부분을 강독하는 철학 수업은 '쓰레기'라고 평할 수 있다.

그렇지만 너는 잘 하고 있는가? 또는 그들은 과연 잘 하고 있는가? 여전히 실망스러운 과거가 반복되곤 한다는 것은 아주 비극적이다. 동시에 이러한 비극에 책임을 느껴야 한다.

우리 철학

『비트겐슈타인 평전』(2012)에서 레이 몽크Ray Monk는 비트겐슈타인이 한때 지녔던 생각을 다음처럼 표현하고 있다.

만일 내가 진심으로 행복하지 않다면, 나의 모든 재능이 나에게 무슨 소용이란 말인가? 만일 내가 가장 중요한 것을 해결할 수 없다면, 철학적 문제를 푸는 일이 나에게 무슨 도움이 된단 말인가? 내가 하는 강의가 진정 무슨 소용이 있단 말인가?

1947년 여름, 비트겐슈타인은 가르치는 일을 그만두겠다고 결심한다. 그리고 그만둔다.

4
가라타니 고진의 크립키

나는 철학전공자로 살아남으려 발버둥을 치는데, 그들은 문학평론을 넘어 사상가, 철학자가 되려고 한다. 어떻게 해야 사상가, 진정한 철학자가 될 수 있는가? 하나의 방법은 그들의 취향에 나의 취향을 맞추는 것이다. 혹은 그를 쫓아가는 것이다.

가라타니 고진이 이야기하고 있는 크립키Saul A. Kripke의 책,『비트겐슈타인: 규칙과 사적 언어』(2008)가 다행스럽게도 번역되어 있다. 그러나 그들이 크립키를 읽어본 적 있을까? 따라서 사기를 쳐도 사기인 줄 모를 것이다. 고진은 진지하게 사유하고 있지만, 그렇다고 해서 그것이 그의 생각이 정당함을 보여주는 것은 결코 아니다.

그때 어린이날 대학원 수업에서 읽었던 책이 크립키의 『이름과 필연』이었다. 한 학기 내내 해야 할 것을 단 세 번, 즉 삼 주에 끝냈다. 적어도 70년의 과정이 짧은 시간 속에서 풍경처럼 지나갔다. 그 당시에는 그런 것도 몰랐다. 나중에서야 러셀에서 시작해 스트로슨P. F. Strawson, 일상언어 철학자 퍼트남H. W. Putnam과 크립키까지, 지나간 세월이 적어도 70년이라는 사실을 알았다.

그러나 급하게 이해한다는 것은 많은 구멍들을 만들어놓는다. 아마 우리의 근대나 탈근대가 그런 구멍들을 만들어놓고 있을 것이다. 철학이나 학문은 결코 속성速成으로 하는 것이 아니다.

『분석철학으로서의 해체Deconstruction as Analytic Philosophy』(2000)라는 책에 다음과 같은 이야기가 나온다. 데리다가 크립키의 책을 읽어보니 무슨 말인지 알 수 없었다고 고백한다. 크립키의 책은 명백하지 않았지만, 하이데거의 저술은 아주 명료하다고 데리다가 지적한다. 다행스러운 일이다. 우리는 데리다조차 잘 이해하지 못하는 크립키의 통찰에 대해 가라타니 고진으로부터 듣고 있다.

내가 한 편의 시나 소설을 쓰는 데 철학의 이론들을 알아야 하는가? 혹은 문예이론을 알아야 하는가? 작품과 이론을 분리하는 태도는 낭만주의의 유산이다. 이론이나 지식은 진정한 창조에 방해가 된다. 이런 의미에서 이론적인 것을 공부하는 것보다는 오히려 자기 내부로 들어가야 한다. 따라서 진정한 창작을 위해 철학의 이론이나 문학의 이론들을 알 필요는 전혀 없다.

그러나 낭만주의의 이런 사유는 거짓이다. 단토Arthur C. Danto가 말한다. 하나의 사물이 예술작품이 되는 것은 그것이 위치하고 있는 맥락, 즉 예술계라는 사유와 지식의 맥락을 통해서다. 이것을 알아야만 비로소 내가 쓴 시나 소설의 위상을 스스로 객관적으로 반성하고 평가할 수 있게 된다.

'존재론적 단절', 이것이 너무 강한 표현이라면 '취향의 단절'이라고 표현할 수도 있을 것이다. 전통 예술이 천대받는 것과 마찬가지로 순수 예술도 천대받는다. 물론 그 양쪽에 세련된 후원자가 몇몇은 있다. 그러나 나를 비롯한 모든 사람은 그냥 아무런 생각 없이, 즉 특정한 고급 문화적 취향 없이 세상을 살아간다. 그것이 진정한 즐거움이라고 생각하면서 그렇게 산다.

내가 처음으로 돈을 주고 산 책이 라이너 마리아 릴케의 『젊은 시인에게 보내는 편지』였다. 다시 몇 군데를 읽어보니, 왜 이 책을 샀는지 모르겠다. 아우렐리우스의 『명상록』을 다시 읽었을 때와 마찬가지다. 예전에 느꼈던 감동은 간 곳이 없고, 오히려 실망스럽기만 하다.

어떤 의미에서는 동일한 구조일 수 있다. 『과학주의 철학을 넘어서』라는 제목으로 번역된 퍼트남의 『철학의 재건 Renewing Philosophy』(1992)은 그가 강의했던 내용을 정리한 책이다. 이 강연에 많은 청중들이 모였다고 한다. 단지 철학 전공자들만 와서 그의 이야기를 들은 것은 아니다. 퍼트남 자신의 표현에 의하면 그는 전문적인 철학 내용으로부터 더욱 일반적인 내용에까지 폭넓게 강의했다고 한다. 철학의 세세한 문제보다는 오히려 지성적인 문제에 관심을 가진 청중들이 와서 그 강연을 경청했다.

아마도 이것이 철학 실력의 차이일 것이다. 적어도 지성적 갈증을 해소해주거나 자극을 주지 못하는 철학 강의는 문을 닫아야 한다.

그는 분명 친절하지 않았지만 충분히 지성적 자극을 주었다. 한 학기에 20페이지 나가는 강의와 달리 매 시간 어려운 논문을 20페이지 이상 읽었다. 그러나 그는 실력이 없는 우리에게 결코 자상하게 설명해주지 않았다. 아마도 그것은 우리의 몰골이 매우 한심했기 때문일 것이다.

참다못해 이미 시인이었던 한 사람이 이야기했다. 도대체 왜 이름, 즉 고유명사가 그렇게 중요합니까? 기다렸다는 듯이 그는 장황하게 서양철학사 전반을 이야기했다. 그 내용을 잘 이해하고 있었을지는 모르지만, 이미 메를로-퐁티M. Merleau-Ponty에 기울어 있던 그는 그 결론을 결코 수용하지 않는 것처럼 보였다.

마찬가지로 메를로-퐁티를 강의하는 도중 도대체 러셀이 문제 삼고 있던 정관사가 왜 그토록 중요한지 그가 물었다. 정관사 따위를 분석하는 러셀의 시도에 공감할 수 없었던 그는 수업을 마치고 나가다 말고 다시 들어와 그의 학위 논문 주제였던 가브리엘 마르셀을 예로 들면서 철학의 심오성에 대해 짧게 이야기하다 다시 나갔다. 그러한 심오성은 어떤 피아노 연주처럼 우리에게 다가온다고 그가 말했다.

비록 어떤 목적지가 동일하다 할지라도 서로의 길은 다를 수 있다고 이야기할 수 있는가? 따라서 서로 다른 것을 비난할 필요는 없지 않은가? 그런가? 동시에 어느 하나가 다른 것보다 우월하다고 말할 수도 없지 않은가? 그런가? 그저 취향처럼 나는 이 길을 가고, 그들은 그들의 길을 간다. 그런데 진짜 그것을 취향의 문제라고 할 수 있는가? 아니면 그 이상의 어떤 것인가?

5

실존적 동기

철학적 사유의 대상은 논증이다. "x이다. 왜냐하면 y이기 때문이다." 이것이 논증이다. 주장이 있고, 주장에 대한 근거가 있다. 이러한 논증이 타당하고 건전한지, 또는 정당한지 따져보는 것이 철학이다.

"신은 존재하지 않는다. 왜냐하면 신은 눈에 보이지 않기 때문이다." 그러나 눈에 보이지 않는 모든 것을 존재하지 않는다고 할 수 있는가? 힘은 눈에 보이지 않는다. 힘의 결과, 그 흔적은 눈에 보인다. 그럼에도 힘은 존재한다. 따라서 이 논증은 부당한 논증이다. 신이 없다는 것을 입증하기 위해서는 다른 논거가 필요하다. 사실 이런 작업을 하는 것이 철학이다.

분명 신은 눈에 보이지 않는다. 신은 우리 감각적 경험의 대상이 아니다. 분명히 전제는 참이다. 그러나 이 전제로부터 신이 없다는 결론이 반드시 나오지는 않는다. 따라서 전제가 참이라 해도 결론은 거짓일 가능성이 있다. 전제가 참이지만, 결론이 거짓일 수 있는 논증은 부당한 논증이다.

철학에 접근하는 원천이, 혹은 철학에 관심을 갖게 되는 몇몇 동기가 있다. 그 하나가 문학이다. 문학을 통해 우리는 우리 삶에 대해서, 삶의 의미에 대해서, 인간에 대해서, 실존에 대해서, 자살에 대해서, 부조리에 대해서 생각하게 된다. 그가 말한다. 우리 삶은 부조리하다. 우리는 그에게 물을 수 있다. 그렇게 주장할 수 있는 논거는 무엇인가? 그러나 그는 논거를 제시할 필요가 없다. 그가 하고자 하는 것은 우리 삶이 부조리하다고 서술하는 일이며 그로부터 그가 갖고 있는 느낌과 사유를 표현하는 것이다.

이광세의 『동서문화와 철학』에는 그의 지적 자서전이라 할 수 있는 글이 한 편 있다. 거기에서 그는 한국전쟁 때 그가 다닌 서울대 문리대에서 경험했던 것을 이야기한다. 그에 의하면 철학이나 문학을 하는 사람들 중에 유독 인생의 뜻이 무엇인가, 종교란 무엇인가 등의 '고민'을 하는 사람들이 많았다고 한다. 그런데 그는 이런 사람을 이해하지 못했다고 고백한다. 도대체 왜 그런 고민을 하는가? 도대체 왜 그런 질문을 하는 것인가? 추상적으로 묻는 인생의 의미와 인생의 목적을 알기 위해 책을 읽어본 적이 없다고 그는 말한다. 그는 종교의 문제, 신의 문제에 대해 늘 고민하고 있는 철학과 학생에 대해서도 도대체 그가 왜 그런 고민을 하는지 알 수 없었다고 이야기한다.

이광세의 이야기는 무어G. E. Moore의 고백과 유사하다. 무어도 자신이 스스로 알고자 원하는 철학적 문제들 때문에 철학을 한 것은 아니라고 말한다. 그렇다면 왜 철학을 했는가? 그것은 소위 철학자라는 존재들이 말하는 이야기가 무슨 이야기인지 이해하기 난감했기 때문이다.

어떻게 살아야 하는가? 혹은 어떻게 사는 것이 올바르게 사는 것인가? 왜 내 삶은 이렇게 고통스러운가? 왜 내 삶은 이렇게 비극적인가? 나를 구원해 줄 신은 존재하는가? 그가 존재함에도 불구하고 왜 이렇게 세상은 고통스러운가? 나는 지금 자살을 해야 하는가? 왜 자살이라는 것을 하면 안

되는가? 이 질문들을 만족시키는 대답이 어떤 것인지 상상하기 어렵다고 해서, 이 질문들에 대해 고민하는 사람을 과연 이해할 수 없다고 할 수 있는가?

정치학과를 다니던 이광세는 미국 유학을 가서 정치이론에 흥미를 가진다. 이 정치이론 때문에 그는 철학에 관심을 갖고, 정치학 방법론을 들으면서 정치학이 방법론적으로 얼마나 엉성한지 이해하게 된다. 이런 이유 때문에 그는 철학을 공부하고자 결심한다. 그가 철학을 하게 된 동기는 인생, 실존, 종교의 문제가 아니다. 학문적인 방법론의 문제 때문에 그는 철학을 하고자 한다. 정치학이 하나의 학문 혹은 하나의 과학이라면, 어떤 방법을 사용해야 하는가?

이런 학문적 동기에서 철학에 접근하는 사람은 논증적 방법에 대해 우호적이다. 반면 문학적, 종교적, 혹은 실존적 동기에서 철학에 관심을 갖는 사람들은 논증적 방법보다 더 중요한 어떤 것이 철학의 핵심이라고 생각한다. 과거에 철학을 진지하게 알고자 했던 사람들은 거의 문학적 혹은 종교적 동기 때문에 그랬던 것처럼 보인다. 물론 여전히 이런 동기로 철학에 관심을 갖는 사람이 많다. 그러나 이제는 인지과학이나 자연과학에 대한 지성적 호기심 때문에 철학에 관심을 갖게 된 사람들도 많아졌다.

포퍼가 그의 자서전 『끝없는 탐구』(2008)에서 말한다. 자신은 무한의 문제 때문에 철학에 관심을 갖게 되었다. 우리가 살고 있는 이 우주는 무한한가, 아니면 유한한가? 칸트의 『순수이성비판』에서도 이 문제가 다뤄지고 있다. 생명의 기원도 철학적으로 해명해야 하는 중요한 문제이다. 생명은 과연 화학적 반응인가? 포퍼는 우리가 지성적으로 해결해야 하는 철학적 문제가 정말 있다고 주장한다. 반면 포퍼가 그의 논적으로 삼았던 비트겐슈타인에 의하면, 대부분의 철학적 문제들은 언어의 오용에서 생기는 문제에 불과하다. 수학의 기초에 대한 문제 때문에 철학을 하게 되었던 비트겐슈타인처럼, 포퍼가 철학하게 된 계기도 바로 과학적, 혹은 학문적인 것과 관련돼 있다.

6
이론적 태도

　2 더하기 2는 4다. 이런 것이 수학적 진리다. 이것은 언제나 참이다. 언제나 참인 명제를 항진恒眞 명제라고 한다. 그런데 수학은 어째서 언제나 참이 되는 명제가 되는가? 즉 수학적 명제는 왜 필연적 명제인가? 칸트의 표현을 빌리자면, 수학의 필연성은 도대체 어떻게 가능한 것인가?

이것은 매우 중요한 철학적 문제로 간주된다. 그런데 이 문제가 정말 중요한 것인가? 그것이 내 삶과 무슨 관계가 있는가? 철학이 왜 우리 삶의 중요한 문제 대신 수학적 진리가 어찌하여 필연적인지 여부를 다루어야 하는가? 그러나 플라톤은 이 문제를 진지하게 다루고 있다.

적어도 서양철학의 경우에는, 개론적 수준에서 언제나 다루어야 하는 철학적 문제들이 있다. 철학을 쉽게 소개하면서 많은 사람에게 철학을 친숙하게 이해시키려는 노력의 소산물인 책 『철학의 근본문제에 대한 10가지 성찰』(1997)에서 저자 워버턴Nigel Warburton은 신의 문제, 악의 존재 문제, 윤리의 문제, 평등과 자유의 문제, 외부 세계에 대한 인식의 문제, 과학적 방법과 귀납의 문제, 마음과 물질의 문제, 타인의 마음의 존재 문제, 예술에 대한 정의 문제 등을 다루고 있다.

신은 존재하는가? 이 문제가 철학적으로 반드시 생각해 보아야 할 정도로 중요한 문제인가? 로티Richard Rorty가 말한다. 그것은 이제 그렇게 중요한 문제가 아니다. 신에 대한 담론은 이제 우리 시대의 담론이 아니다. 그러나 워버턴은 그것이 "우리들 대부분이 살아가면서 언젠가는 한 번쯤 스스로에게 묻게 되는 근본 물음"이라고 말한다.

신은 존재하는가? 동양적 문맥에서 이것은 아마 천도天

道가 있는가, 천명天命이 있는가 하는 등의 물음과 유사할 것이다. 아주 예전에 천도에 대한 사마천의 탄식이 논술 문제에 나온 적이 있다.

천도天道는 공평무사公平無私해서 항상 착한 사람을 돕는다. 그러나 착한 백이伯夷와 숙제叔齊는 굶어 죽었다. 공자의 도덕적인 제자 안연顏淵은 요절하였다. 반면 악하게 산 도척이라는 도적은 천수를 누리며 살았다. 이것이 우리의 삶이라면 도대체 천도라는 것이 존재한다고 할 수 있는가?

사마천이 다음과 같이 말한다. "만약 천도가 존재한다면, 공평무사하지 않은 일은 결코 일어나지 않는다. 그런데 공평무사하지 않은 일이 너무 많이 일어난다. 따라서 천도는 존재하지 않는다." 사마천의 논증은 타당하다.

이 논증의 형식은 매우 유명하다. 그것은 '후건 부정식'이라는 이름을 갖고 있다. 특히 두 번째 전제는 부정할 수 없는 것처럼 보인다. 이 문제는 존재하는 악이라는 현상과 착한 신의 존재가 어떻게 양립할 수 있는지를 해결하고자 하는 악의 존재 문제와 동일한 문제이다.

서양철학과 동양철학의 차이에 대해 말할 때, 늘 지적하

는 이야기가 있다. 모종삼이 말한다. 중국철학자들은 이지理
智적 사변에 주의를 기울이지 않았다. 그들은 관념이나 개념
에 대해 정의 내리는 일에는 흥미가 없었다. 그리스 철학은
지적 해석을 중시했고, 중국철학은 실천을 중요하게 여겼다.
그리고 그 실천의 방식은 도덕적 이상을 정치적으로 드러내
고 구현하는 것이다. 따라서 초기 중국철학자들은 순수한 철
학자가 아니다. 그들은 모두 성왕聖王과 철학자라는 이중 신
분을 겸비하고 있었다.

적어도 이런 문맥에서는 순수한, 이론적, 사변적인 철학
문제 들은 중요한 것이 아니다. 수학적 명제는 왜 항상 참인
가? 그것은 그렇게 중요한 문제가 아니다. 천도가 존재하는
가? 그것은 중요한 문제가 아니다. 이미 천도는 거기에 그렇
게 있다. 오히려 중요한 것은 우리가 그 천도를 적절하게 수
행하는 일이다. 우리는 왜 도덕적이어야 하는가? 그것이 중
요한 게 아니다. 어떻게 효과적으로 도덕적 존재가 되는가
하는 것이 중요하다.

진리가 거기에 있다. 그것을 어떤 방법을 통해 드러내는
가 하는 것이 문제다. 그것은 단순히 텍스트를 분석한다고
해서 나타나지 않는다. 텍스트로부터 감동을 받아야 한다.
그러나 내가 받은 감동의 정체는 무엇인가? 그것이 진정한
감동이었는가, 아니면 취향의 표현이었는가? 바로 여기에서
텍스트에 대한 객관적 혹은 논리적 분석이 필요하게 된다.

7
철학의 실용성

철학은 실용적이어야 하는가? 문학도 실용적이어야 하는가? '실용적'이라는 개념은 풍부한 의미를 가지고 있다. 그러나 우리가 생각하는 그것의 의미는 단지 '돈벌이에 도움을 준다'는 것뿐이다. 『무정』의 이광수는 가난한 사람을 치료해주었던 의사만큼 '실용적'이었다. 그것은 우리가 돈 버는 데 어떤 도움을 주지는 않는다. 그럼에도 그것은 우리에게 어떤 중요한 '실질적 효과'를 준다.

어떤 시인이 말한다. "인생을 이렇게 한 줄로 요약할 수 있는 내공은 젊은 사람에게서는 기대하기 어렵다." 그러나 이런 주장은 자신은 인생의 모든 것, 혹은 아주 중요한 것을 알고 있다는 것을 함축한다. 인생이 무엇인가? 나는 모르겠다. 그런데 무슨 근거로 그것을 안다고 이야기하는가?

모르는 것에 대해 아는 척 하지 말라. 사실 일부러 아는 척 하는 건 아닐 것이다. 자기의 생각에 자연스럽게 친숙해지면서 그것만이 유일한 것처럼 생각하게 되는 것일 테다. 그럼으로써 우리의 사유는 물리적 나이와 함께 늙어가게 된다. 그런 늙은이가 자기 관점에서 마치 모든 것을 다 아는 것처럼 평가한다.

"생명 에너지의 유구한 리듬, 끊이지 않는 생의 돌림 노래가 흐르고 있다. 매일 매일 무너짐은 반복의 질서가 분명하지만, 반복은 늘 동일하지 않다. 시간의 반복에는 공간의 변화가, 공간의 반복에는 시간의 변화가 수반되기 마련이다. 그러니까 들뢰즈가 말한 차이를 가진 반복이 되겠는데,"

멋있는가? 무언가 굉장한 것을 이야기하는 것처럼 보인다. 그러나 여기서 이야기하고 있는 '반복'의 개념은 정당한 것인가? 반복되는 것이 있고, 그와 동시에 차이 나는 것도 있다고 말하는 것이 낫지 않은가?

책은 무엇이고 저자는 무엇인가? '대필 작자'의 논쟁은 내가 가지고 있었던 개념들을 흔들어 놓는다. 그것은 '반복' 개념에서도 마찬가지일 것이다.

사람을 죽이는 것은 나쁘다. 왜 그런가? 생명의 존엄성을 해치기 때문이다. 생명의 존엄성을 해치는 것은 나쁜 것이라고 도대체 누가 그랬는가? 그렇게 볼 수 있는 근거가 무엇인가? 답답하지만, 철학은 바로 이런 뻔한 물음에 진지하게 답변을 모색한다. 그런데 안타깝게도 그렇게 모색한 답변도 상대방의 의문을 해결해주지 못하는 경우가 대부분이다.

대부분의 학생들이 고전을 읽지 않는다. 읽어보았자 어렵고, 따라서 재미도 없기 때문이다. 과거에도 이런 책을 읽지 않는 학생들은 있었지만 그들은 적어도 앞으로 열심히 읽겠다고는 답변했었다. 그러나 요사이에는 다음과 같이 반문한다. 도대체 그런 종류의 책을 안 읽는 것이 무슨 잘못이란 말인가? 내가 왜 그런 책을 읽어야 한단 말인가?

'대필 작자' 문제에서 출판사 측이 "출판을 모르는 기자가 이상한 문제 제기를 한다"는 주장을 한다. 여기에서 어떤 '반복'이 나타나고 있다. 그런데 정말로 책의 저자는 무엇이고, 책은 무엇인가? 도대체 기자가 모르고 있는 '출판'이란 무엇이란 말인가?

이런 풍토에서 인문학 책이 안 팔린다고, 철학책이 안 팔린다고 걱정하는 것은 하나의 사치일 것이다. 그보다 더 깊은 징후가 자리 잡고 있다. 철학은 읽어줄 수 있는 것인가? 아니다. 오히려 스스로 생각하는 것이 중요하다. 따라서 적어도 나에게는 '철학을 읽어주는 자'가 필요 없다. 그들에게는 필요한가? 아니다, 그들에게도 필요 없다. 그보다는 오히려 철학을 스스로 읽도록 돕는 자가 필요할 것이다.

『과학 콘서트』가 나온 뒤에 수많은 '콘서트'가 나온다. 그렇게 제목을 붙이는 것은 어떤 의미에서 창피한 짓이다. 그러나 돈벌이가 된다면, 자존심 따위는 그렇게 중요한 것이 아니다. 오히려 돈이 되지 않는 것, 혹은 실용적이지 않은 것, 실질적 효과를 주지 않는 것을 강조하는 것이야말로 잘못된 것이다. 따라서 이제 좋은 책이란 많이 팔리는 책이다. 많이 팔린다는 생각으로부터 이제 저자, 책, 출판 등의 개념이 변모해야 한다. 도대체 무엇이 잘못되었단 말인가? 왜 이렇게 변화하면 안 되는가?

이황의 생애는 중요하지만, 그것이 철학적으로도 중요한 것은 아니다. 오히려 우리가 알아야 할 것은 그가 도대체 무슨 주장을 했고, 그 주장의 근거가 무엇이며, 그 주장에 어떤 철학적 가치와 의의가 있는가 하는 점이다. 그런데 역시 '콘서트'는 이 점을 잘 보여주고 있지 못하다. 잘 보여줬다면, 아마도 지금까지 팔린 것보다는 더 적게 팔렸을 것이다.

사단四端과 칠정七情의 문제, 즉 사단칠정론四端七情論은 우리 한국철학의 대표적 얼굴이라고 주장된다. 한국철학은 우리에게 무엇을 자랑스레 보여줄 수 있는가? 바로 사단칠정론을 보여줄 수 있다. 이것이 한국철학의 보석이다. 그렇지만 사람들은 이 사단칠정론이 무엇인지 잘 모른다. 놀랍게도 혹은 당연하게도 서양철학을 전공하는 철학자들도 잘 모른다. 잘 모르면서 그것이 별로 대단한 철학적 가치가 있다고 생각하지도 않는다.

도대체 사단과 칠정의 문제는 무엇에 관한 문제인가? 나는 그것이 도덕과 우리가 가진 자연적 감정의 문제라고 생각한다. 퇴계가 주장한다. 도덕에 자연적 감정이 섞이면 절대로 안 된다. 도덕은 순수해야 한다. 아니다. 도덕은 우리의 자연적 감정에 기초해야 한다. 내가 우물에 빠지려는 어린아이를 구해줄 수 있는 것은 바로 내가 측은한 감정을 지녔기 때문이다. 도덕은 그렇게 인간적인 것이 된다. 아니다. 그 감정은 단지 인간적인, 자연적인 감정이 아니다. 그것은 우주나 존재에 연결되어 있는 숭고한 마음이다.

한문 번역과 텍스트의 이해를 최우선적으로 생각하는 철학자들이 말한다. 사단칠정을 이렇게 설명하는 것은 서양의 방식이다. 그런 방식으로는 결코 사단칠정을 올바르게 이해할 수 없다.

그러나 이런 비판에서 만나게 되는 소리는 언제나 결론뿐이다. 서양적 방식으로는 결코 그것을 이해할 수 없다는 결론뿐이다. 왜 올바르게 이해할 수 없는지, 구체적으로 어떤 내용이 잘못되었는지를 지적하는 소리는 들리지 않는다. 그 결과, 언제나 같은 자리에 머물러 있게 된다.

8
가라타니 고진의 비트겐슈타인

우리는 어떻게 언어를 배우는가? 『철학적 탐구』에서 비트겐슈타인은 이 질문에 대해 탐구한다. 그렇다고 비트겐슈타인에게 언어 습득의 '과정'이나 '메커니즘'에 대한 철학적 관심이 있었다고 간주해서는 안 된다. 비트겐슈타인은 언어 습득 과정을 설명하는 것을 철학의 일이라고 보지 않았다.

가라타니 고진은 독특하게 비트겐슈타인이 언어를 '가르치다'라는 관점에서 보았다고 주장한다. 어떤 의미에서 배운다는 것과 가르친다는 것은 서로 짝 개념이다. 언어를 '가르치고 배우는' 차원에서 바라보았다는 것은 어떤 의미인가?

그는 말한다. "그것은 언어를 말하다-듣다라는 차원에서 생각하는 철학, 이론을 무효화하기 위해 필수불가결하다고 여겨지는 타자를 드러내기 때문이다." 따라서 비트겐슈타인의 의도는 바로 타자를 드러내는 것이고, 이 타자는 '말하다-듣다'라는 차원에서 생각하는 철학을 무효화한다. 고진의 이해는 독특하고 신선하다. 하지만 그렇다고 해서 그것이 그의 생각이 가치 있다거나 정당하다는 것을 보여주는 것은 아니다.

그런데 '타자'란 무엇인가? 그는 우리말을 이해하지 못하는 사람, 외국인, 이방인, 낯선 사람들, 혹은 우리 공동체 외부에 존재하는 사람들이다. 이 타자가 '내 자신의 확실성을 잃게 하는 타자'이다. 따라서 타자는 내가 갖고 있는 확실성, 혹은 내가 갖고 있는 생각의 편견을 일깨우는 자다.

고진에 의하면, '가르치고 배우는 차원'은 권력 관계가 아니다. 반면에 '말하고 듣는 차원'은 일종의 권력 관계이다.

이런 생각을 바탕으로 그는 자기 나름대로 혹은 독창적으로 비트겐슈타인의 사유를 분석하고 해명한다.

가르치고 배우는 관계는 권력 관계가 아니다. 왜 그런가? 그것은 이 관계가 일방적인 것이 아니라, 타인의 합의와 인정을 필요로 할 수밖에 없기 때문이다. 바로 이런 문맥에서, 즉 타인의 합의와 인정이 요구된다는 문맥에서 그는 우리 언어의 사적 규칙, 혹은 언어의 개인적 규칙은 없다고 진단한다.

여기에서 타자는 크립키가 지적하듯 놀라운 회의론자로 나타난다고 고진은 말한다. 비트겐슈타인의 『철학적 탐구』에서, 특히 규칙 따르기 문제에서 크립키는 비트겐슈타인적 회의론을 발견한다.

비트겐슈타인적 회의론이란 무엇인가? 그것은 우리 언어 규칙이 지닌 정당성, 즉 규범성을 회의하는 것이다. 우리의 언어가 지금 그것이 의미하는 것을 의미하거나 의미해야 한다고 주장할 수 있는 근거는 무엇인가? 크립키가 본 비트겐슈타인에 의하면 그런 '의미 사실'은 없다. 따라서 '+'라는 더하기 기호가 더하기를 의미하는 것을 정당화해주는 사실은 존재하지 않는다. 이것이 바로 크립키가 비트겐슈타인에게서 발견한 비트겐슈타인적 회의론, 즉 의미 회의론의 주장이다.

고진은 이것이 바로 데카르트와는 다른 방식으로 확실성을 붕괴시키는 작업이라고 말한다. 즉 그것은 '언어가 지닌 확실성에 대한 의심'이다.

많은 사람들이 지적하듯 데카르트적 확실성은 내성적 확실성이며, 주체적이고 주관적인 확실성이다. 데카르트가 했던 신 존재 증명의 논증이 부당하다면, 데카르트의 세계에서 존재하는 것은 바로 내 자신밖에 없다. 끊임없이 의심하는 의심의 주체로서 내 영혼은 존재한다. 이것은 절대적 확실성을 지닌다.

의심의 주체로서 나만 존재한다. 이것이 데카르트적 확실성이다. 이것이 바로 "철학은 말하다-듣다라는 입장에 서 있으며 내부에 갇혀 있는 것"임을 보여주는 실례다.

만약 데카르트가 언어에 대해 보다 더 철저하게 회의하고 반성했다면 어떻게 되었을까? "나는 생각한다. 고로 존재한다"는 진리를 발견했다 하더라도 그는, 그 진리를 우리에게 전달해 줄 수 없었을 것이다. 이것이 언어가 가진 중요성이다.

여기에서 고진은 자신이 『철학적 탐구』로부터 얻은 생각을 과장하고 있다. 우리는 이미 언어를 통해 자아의 밀폐성으로부터 벗어난다. 언어가 단지 독백인 것만은 아니라면, 그것은 내가 아닌 '타자'를 선제한다.

9

유행과 수용

 그가 비트겐슈타인의 『철학적 탐구』와 크립키의 『비트겐슈타인: 규칙과 사적 언어』를 읽고 있다. 동시에 그는 데카르트를 둘러싼 근대 혹은 현대철학의 문제들을 나름대로 익숙하게 알고 있기도 하다. 그런데 그를 흠모하는 일군의 사람들도 그처럼 이런 책들을 꼼꼼히 읽고 자기의 것으로 소화하고 있는가? 나아가 가라타니 고진처럼 고유한 방식으로 자기 나름의 문제를 해결하고자 노력하는가?

고진을 흠모하는 자들이 크립키의 비트겐슈타인이나 비트겐슈타인, 나아가 칸트와 마르크스에 대해서도 고진처럼 꼼꼼히 읽고 자기 나름의 철학적 견해를 보여준다면, 그만큼 우리의 철학은 성숙해진다. 그러나 단지 고진의 견해만 반복한다면, 그럴 가능성은 사라진다.

비트겐슈타인의 사유에 대한 해석이 핵심이 아니라면, 비트겐슈타인이 언어를 가르치고 배우는 차원에서 보았는지, 그렇지 않은지는 중요하지 않다. 이런 의미에서 '비트겐슈타인'이라는 이름을 삭제해도 무방하다. 가라타니 고진은 언어를 가르치고 배우는 차원에서 보고 있다. 그는 그것이 매우 중요하다고 주장하고 있다.

한 기자가 말한다. "주석학에 그치고 있는 한국철학의 현 단계를 비견해 볼 때도 고진은 우리를 부끄럽게 한다."

그런데 비트겐슈타인이 말하고 있는 내용이 무엇인지 정확하게 이해하는 것을 단지 주석학이라고 평가할 수 있는가? 고진처럼 '자유연상'을 통해 비트겐슈타인 텍스트를 자유롭게 읽는 것이 바람직하고 독창적인 것인가? 내가 보기에 고진에게 비트겐슈타인의 철학, 그리고 그가 거론하는 다른 철학자들은 단지 그 자신의 사유를 위한 도구 구실을 할 뿐이다.

비트겐슈타인의 사유를 도구처럼 사용하는 것이 왜 잘못되었단 말인가? 비트겐슈타인이라는 철학적 권위를 통해 마치 자신의 주장이 옳은 것처럼 보이게 하려는 것이 아니라면, 비트겐슈타인의 사유를 도구로 사용하는 것에는 아무런 잘못이 없다.

적어도 이것은 그가 불러낸 크립키의 경우에도 마찬가지다. 그러나 우리는 우리 스스로 우리 언어의 규범성에 대해 충분히 회의할 수 있기 때문에, 오직 타자만이 우리 언어에 대한 놀라운 회의론자일 필요는 없다.

가라타니 고진의 주장과는 달리 역설적으로 크립키는 공동체 밖에 있는 타자가 아니라, 언어 공동체와의 일치와 동의를 강조한다. '+' 기호가 더하기를 의미하는 것은 어떻게 정당화되는가? 만약 내가 그 언어 공동체에 속한다면, 나는 더하기 반응을 보일 것이다. 그런데 나는 더하기 반응을 보이지 않는다. 따라서 나는 그 언어 공동체에 속하지 않는다. 이런 방식으로, 즉 이런 부정적 방식으로 의미를 정당화할 수 있다.

그러나 크립키가 이렇게 주장했다고 지적한다고 해서, 그것이 고진의 생각이 틀렸다는 것을 의미하는 것은 아니다. 단지 크립키와 고진의 생각이 다르며, 고진이 크립키를 독창적으로 혹은 자의적으로 이해하고 있다는 것을 보여줄 뿐이다. 이런 의미에서 한국철학에 대해 기자가 주장한 것처럼 고진은 '주석학'을 하고 있지는 않다. 고진은 우리 철학자들을 부끄럽게 하는 독창적 사유를 전개하고 있다. 그러나 중요한 것은 독창적이라고 서술되는 그의 사유가 과연 정당한지, 그렇지 않은지 하는 것이다.

그는 '가르치다-배우다'의 관계를 '팔다-사다'의 관계로 해명한다. 따라서 그는 언어를 일종의 장사술로 파악하고 있다. 따라서 그의 사유에는 후기 자본주의의 유통 원리가 암암리에 영향을 미치고 있다.

내가 이런 방식으로 가리타니 고진의 생각을 이해하고 생각하는 것이 주석학으로부터 벗어나는 일인가? 나아가 독창적인 것인가? 이제 나는 거기에 한 마디 덧붙인다. "이런 유통적 사유가 비트겐슈타인을 해석하는 데에도 무의식으로 침투하고 있다." 나는 내가 만든 이런 생각에 스스로 대견해 한다.

고진은 말한다. "나는 자기 대화 또는 자신과 동일한 규칙을 공유하는 사람과의 대화를 대화라고 부르지 않는다. 대화는 언어게임을 공유하지 않는 사람들 사이에서만 존재한다."

나는 고진의 이러한 주장이 참 이상하다고 생각한다. 동일한 규칙을 공유해야만 비로소 대화, 즉 의사소통이 가능하다. 아마 비트겐슈타인도 나처럼 이런 생각이 이상하다고 생각할 것이다.

나는 '타자', 혹은 다른 사람과 대화한다. 때로 나는 그에게 배우고 또한 가르친다. 그러나 역설적으로 배우고 가르치는 일이 가능하기 위해서는 이미 말하고 들을 수 있어야 한다. 그렇지 않다면 배우고 가르치는 일은 전혀 가능하지 않을 것이다. 이렇기 때문에 우리가 어떻게 언어를 배우는가 하는 것은 매우 어려운 문제다. 언어가 전혀 없는 상태에서는 어떤 방식을 통해 언어를 배울 수 있는가?

타인이 'dog'라고 하면 나는 우선 그 소리를 듣는다. 그러고 나서 나는 그것을 따라한다. 'dog' 그리고 묻는다. 그것이 무슨 소리인가? 그러나 내 묻는 소리는 그에게 전달되지 않는다. 왜냐하면 내게는 그와 의사소통할 수 있는 언어가 없기 때문이다.

나는 그를 관찰한다. 그가 'dog'라고 할 때마다 그가 무엇을 지칭하고 무슨 행동을 하는지 유심히 관찰한다. 그럼으로써 나는 비로소 'dog'라는 말과 관련된 규칙을 습득하기 시작한다. 내가 이 규칙을 습득하지 못한다면 나는 그와 영원히 대화할 수 없다. 나는 그에게 언제나 '타인'으로 남는다. 그런데 이것이 가능하기 위해서는 내가 이미 언어를 알고 있어야만 한다.

언어를 배우기 위해서 언어를 알고 있어야 한다는 주장만큼 역설적인 것은 없다. 그럼에도 이방인이나 어린아이를 포함해서 타인과의 대화는 공통적 규칙을 선제해야 한다. 이런 규칙 때문에 서로 다른 자연언어도 배울 수 있다.

10
철학과 논증

 철학에 대한 내 생각, 즉 철학의 대상은 논증이며, 그 논증의 정당성을 따지는 작업이 철학이라는 생각은 어떻게 형성되었는가? 아마 논술의 영향 때문인 것 같다. 논술이 바로 '논증적 글쓰기'이기 때문이다.

분명 논술은 논증적 글쓰기다. 그런데 여러 곳에서 소개되는 논술에 대한 이야기에는 정작 '논증' 개념이 누락되어 있다. 논술은 문제가 요구하는 것에 대해 답, 즉 주장을 쓰고, 그것을 입증해주는 논거들을 제시하는 것이다. 따라서 그것은 표현적 글쓰기나 문학적 글쓰기가 아니다.

논술이 유행하기 전에, 철학 공부의 한 가지 방법으로 《분석Analysis》이라는 철학 잡지에 실린 논문들을 복사하여 여러 번 반복해서 읽었었다. 거기에 실린 논문은 몇 페이지 되지 않는 짧은 논문들이었다. 그 짧은 논문들은 철학의 논증적 구조를 매우 잘 보여주고 있었다. 비록 그 내용은 전문적이며 어려웠지만, 그럼에도 불구하고 철학적 사유를 훈련하기 위한 좋은 자료였다.

그렇지만 어떤 사람은 이런 종류의 글을 철학 논문으로 간주하지 않으려 했다. 그는 분석철학의 성향을 잘 보여주는 이런 논문에 대해 비아냥거렸다. 나는 그가 그런 판정을 할 자격이 없다고 생각했다.

가끔 중심이 잡히지 않을 때, 혹은 생각이 혼란스러울 때, 나는 여전히 《분석》에 실린 논문을 읽는다. 거기에서 많은 것을 배운다. 그 중 하나가 내 생각이나 말에서 많은 것들을 삭제하는 것이다. 그럼에도 불구하고 나는 말한다. 그 논문들은 치밀하고 세밀하지만, 동시에 좁고 답답하다.

때로 어떤 논문은 논문이 아니라 보고서라고 말할 수 있다. 그런 논문은 어떤 중요한 문제에 관한 유명 철학자의 논증 요약, 그리고 그 요약에 대한 한두 가지 논평으로 구성되어 있다. 이런 글은 논문이라기보다 오히려 보고서에 가깝다. 그러나 이런 보고서 같은 논문이라 할지라도, 그것은 철학적 사유 훈련에 아주 많은 도움을 준다. 이렇게 시작해서 더 성숙한 논문으로 가는 것이다.

거기에서 지적하고 있는 논평이 무엇을 함축하는지 더욱 깊게 생각해야 한다. 이는 그 문제가 서 있는 문맥에 대한 폭넓은 이해를 요구한다. 가령 '통 속의 두뇌' 논증이 타당한지를 따져볼 수 있다. 비록 타당하다 할지라도 전제 하나가 의심스럽다고 논평할 수 있다. 그러나 이 논증은 퍼트남이 지적하듯 외재론자와 내재론자의 갈등이라는 더 넓은 문맥에 자리 잡고 있으며, 여러 함축적 생각들도 서로 연결되어 있다. 이런 문맥을 전제할 때에서야 비로소, 논증의 정당성만을 지적하는 것 이상에 대해 말할 수 있다.

내가 지금 하고 있는 것은 올바른 주장인가? 그것은 네 취향의 표현은 아닌가?

내가 좋아하는 셀라스Wilfrid Sellars가 말한다. 철학은 가장 넓은 의미에서 세계의 모든 것들의 관련성을 보이고 해명하는 것이다. 젊은이는 많은 관련성을 보지 못한다. 반면 늙은이는 시간이 주었던 경험을 통해 여러 것들의 관련성을 보는 자다. 늙은이가 보여주는 소심함, 그것이 바로 이것 때문이라 생각한다. 그러나 철학적 늙은이는 물리적 늙은이가 아니다. 때로는 물리적 젊은이가 더 많은 것을 바라볼 수 있다. 그런데 역설적으로 이것은 보고서 같은 논문을 통해 훈련되는 것이다.

논문 발표회에 양념처럼 따라오는 것이 논평이다. 어떤 이는 잠깐 요약하고 질문들을 열거한다. 아마 가장 쉬운 논평의 방법일 것이다. 때로 이 질문은 비판의 감추어진 형식이다. 그렇다면 단지 물음을 던지는 대신 논거를 들어 비판해야 그 수준이 더욱 높아질 것이다. 어떤 이는 논문 전체의 의미를 평가하지는 않고 자기 이야기만 한다. 그렇게 네 이야기가 하고 싶으면 네가 논문을 써라.

박정일이 다음처럼 말한다. "사실상 현 대학 교수들은 논술세대가 아니다. 그들 대부분은 고등학교 시절에 변변한 논술문을 써 본 적도 거의 없으며, 그 글에 대한 피드백을 받은 적도 없다. 이러한 논문 경시 풍조는 학계에도 그대로 반영되어 있다. 국내 학자들이 국내 논문들을 활발하게 발표 및 평가하고 이를 학문 발전의 지표로 삼거나 우수 논문에 따른 혜택을 주는 경우는 거의 없다. 교통정리는 필요한데 그런 평가와 정리는 거의 이루어지지 않는다. 기껏 외국 학술지에 논문이라도 실리면 그때서야 그나마 그 학자의 실력이 좋다는 객관적인(?) 평가가 이뤄진다. 참으로 슬픈 일이다." 어떤 의미에서 이는 슬픈 일이라기보다는 희극적인 일이다.

그럼에도 불구하고 요사이 보는 심사평의 상투적 지적 중 하나가 선행 연구를 거론하지 않았다는 것이다. 이때의 선행 연구는 주로 국내학자들의 작업을 의미한다. 사실 선행 연구를 거론해야만 그 작업의 현실적 의미가 더욱 커진다고 할 수도 있다. 그러나 그렇다고 해서 반드시 그것을 거론할 필요가 있는 것 같지는 않다. 선행 연구가 형편없다면 차라리 무시하고 가는 편이 낫다. 논문에서 지적 받기 싫어 예의상 선행 연구를 거론하는 것이라면, 차라리 거론하지 않는 편이 낫다.

아마도 선행 연구에 대한 지적이 필요한 이유는 두 가지일 것이다. 그 하나는 여기에서 철학한다는 의의를 분명히 하라는 것이고, 다른 하나는 네가 하고 있는 작업이 기존 연구 수준으로부터 얼마만큼 발전했는지 생각하라는 것이다. 과연 이전 연구에 비해 무엇을 더 보여주었는가? 이 물음에 답변하기 위해 다른 사람들의 논문을 읽어야만 한다.

어떤 심사평은 자기주장을 내세워 논문에 문제가 있는 것처럼 평가한다. 그러나 이는 일방적 폭력이다. 피심사자는 심사자가 누군지 모른다. 반론의 기회도 없다. 따라서 논문이 치명적으로 틀린 주장을 하고 있지 않다면, 비록 심사자의 견해와 대립되는 것이라도 그것을 문제 삼으면 안 된다.

논문이 나와 반대되는 주장을 하고 있다고 해도, 그것을 입증하는 논거가 정합적인지를 따져야 할 것이다. 단지 자기주장과 다르다고 논문을 수정하거나 혹은 게제 불가를 판정하는 것은 폭력이다. 이런 폭력이 생겨난 연유가 바로 그 자신이 그렇게 교육 받았기 때문일 것이다. 그러나 비록 그렇게 교육 받았다 할지라도, 언제나 자기 취향이 정당한지 반성했어야 한다.

그는 지도교수와 의견이 다르다는 이유로 이 년 동안 논문을 내지 못했다고 술자리에서 말했다. 그의 지도 교수를 알고 있는 나에게 그 말은 그냥 하는 험담이 아니라, 사실에 대한 서술로 여겨졌다.

적어도 학생은 지도교수와 동일한 견해를 가져야 한다는 것이 그의 평소 생각이었다. 어떻게 내 밑에서 내 견해를 비판하는 논문이 나올 수 있는가. 그것이 싫으면 다른 이에게 지도를 받아라.

그렇지만 진정한 스승이라면 제자가 자기 발로 서고, 그다음에는 뛰어 다닐 수 있도록 도와주어야 한다. 나와 주장이 다르고, 내 주장을 혹독하게 비판하면 어떤가? 기분이 나쁜가? 아니면 대견한가? 오히려 자기와 다른 주장을 치밀하게 논증하고 있다면, 그것이 나로부터 잘 배웠다는 증거 아닌가?

한 꼬마가 나에게 지적한다. "나에게 논증 실력이 없다고 지적해서는 안 된다. 왜냐하면 너도 그렇기 때문이다. 너도 가끔 논거를 제시하지 않은 채 일방적으로 주장하는 경우가 종종 있다." 그러나 그는 '피장파장의 오류'를 범하고 있다.

11
철학과 서사

내가 포스트모더니즘, 혹은 프랑스 철학의 어떤 사유를 별로 좋아하지 않는 이유는 무엇인가? 한 가지 이유는 거기에 논증이 보이지 않기 때문이다. 그러나 그것을 전공하는 사람들은 그렇지 않다고 반박한다. 그런데 그들의 글조차도 논증적이지가 않다. 따라서 프랑스 철학자들이나 그들에 대한 글도 잘 읽지 않게 된다. 동시에 잘 읽지 않은 상태에서 그들을 비판하게 된다. 이런 딜레마를 탈피하는 방법이 무엇이란 말인가?

어떤 시인이 이렇게 이야기한다. "시는 언어가 존재하는 한 양상일 뿐, 그 어떠한 말로도 설명이나 부언이 불가능하며 가능하다 해도 무의미하다. 뒤집어 말하면 시는 설명하기 힘들고 부언이 불필요한, 존재의 어떤 상태를 언어로 표현하는 일이기 때문이다."

그러나 "시에 대한 설명이 불가능하다"는 주장은 "시에 대한 설명이 어렵다"라는 주장과 구분해야 한다. "설명이 어렵다"는 것은 "설명이 불가능하다"는 것을 함축하지 않는다.

능력에 대해 이야기한다는 것, 이것이 심리학적인 것인가? 아니라면 결국 능력의 개념에 관해 이야기하는 것인가? 감성, 상상력, 오성 혹은 지성, 이성이라는 능력은 서로 어떤 관계를 맺고 있는가? 이는 바로 각각의 개념들이 서로 어떻게 구분되며 어떻게 연관되는가를 묻는 것이다.

그 원천은 무엇인가? 아마도 원천에 대한 질문을 근거에 대한 질문으로 바꿔 이해해보는 것이 정당할 것이다. 따라서 "그 생각의 원천은 무엇인가"라는 질문은 결국 "그 생각의 근거는 무엇인가", 혹은 "그 생각이 가능할 수 있는 논리적 조건은 무엇인가"라는 질문이다. 이런 의미에서 계보학이나 고고학이라는 개념은 선험론적transcendental 개념과 서로 대립한다.

김현이 이렇게 말한다. "갑자기 내 의식은 어렸을 때의 어머니의 음성으로 향한다. 겨울밤엔 고구마나 감, 그것이 아니면 하다못해 동치미라도 먹을거리를 내놓으시고, 나직한 목소리로 아벨과 카인의 얘기를, 우물에 뛰어들어 자살한 수절 과부의 얘기를, 도덕적인 척하다가 벌을 받은 그녀의 친지 중 한 사람 얘기를 내가 잠들 때까지 계속하신다. 그때 내가 느낀 공포와 아픔, 고통을 나는 생생히 기억한다. 그러나 그 아픔이나 고통 밑에 있는 어머니의 나직한 목소리가 주던 쾌감을 내가 얼마나 즐겨했던가? 무서워하기 위해서가 아니라, 우리는 즐기기 위해서 이야기를 듣는다."

그렇다. 그런데 언젠가부터 이런 즐거움이 사라져버렸다. 아마도 원천으로 돌아간다는 것은 순수했던 그 시초로 돌아가 다시 새롭게 시작한다는 의미도 있을 것이다.

"나는 시를 삶의 세부적 내용들이 한데 엉켜 그 어떤 언어적 풀이도 불가능한 상태에서 자연발생적으로 터져 나온 마음의 고름 같은 것이라고 잠정적으로 정의한다. 때문에 그것은 명징한 치료와 예방이 근원적으로 불가능하다. 세계의 첨예한 갈등과 모순 앞에서 개인의 삶은 매 순간의 나락과 매 순간의 희열을 반복적으로 경험하게 마련이다. 그 모든 경험의 총체는 잘 짜여진 논리적 구조 안에 결코 완전히 포섭되지 않는다. 그것을 표현하려다 보면 필연적으로 일상적 언어구조나 논리로부터 이탈되는 수난을 겪어야 한다."

그렇지만 김현이 들려주는 이야기처럼 그 시에 대한 무게를 가볍게 하면 어떨까? 그것이 시가 갖고 있는 진지함이나 심오성에 손상을 주는가? 그런 진지함이나 심오성은 아마 과장된 것이리라.

정동진에 가보았다. 사람들은 왜 그 찌그러진 소나무에 매력을 느끼는 것인가? 단지 주차비를 받기 위해 잘 마련되어 있던 주차장만 기억이 난다. 소문을 들은 사람들은 나와 마찬가지로 그곳에 가서 실망하고 욕한다.

그들이 보여주는 어떤 감수성은 참으로 매력적이다. 그러나 그 매력의 정체를 해명하다보면, 처음 느꼈던 그 엄청난 감흥이 많이 사라져버린다. 여러 번 읽다 보면 그것을 싫어하는 취향이 그것의 한계를 지적할 수 있는 이해로 바뀔 수 있다. 그런데 이것은 결코 쉬운 일이 아니다.

어떤 의미에서는 논리적 보고서를 쓰는 것조차 쉬운 일은 아니다. 이런 보고서를 자주 쓰고 모색하면서 더 성숙한 상태로 가는 것이다.

장자莊子가 말한다. "대체로 지혜가 겨우 한 관직이나 담당할 만하고 행동이 그 고을 사람에게만 칭찬받을 정도이며,

덕은 그 나라의 한 임금의 비위에나 맞는 정도라서, 한 나라의 신하로 임명된 자가 스스로 뽐내는 것은 이 종달새와 같은 것이다."

도대체 종달새가 무슨 잘못을 했는가? 그가 잘못한 것은 멀리 날아오르는 대붕★鵬을 비웃은 일이다. 그런데 멀리 날아오르는 대붕을 비웃는 근거가 정당했는가?

이것이 내 영역이다. 그러니 넘어오지 마라. 혹시 내가 하고 있는 것이 이런 유치한 짓은 아닌가? 이것이 내 영역이다. 넘어와도 좋다. 그러나 예의를 갖추어라. 혹시 이런 것인가?

내 영역, 혹은 네 영역이 어디에 있는가? 모든 것이 서로 통하고 있다. 혹은 모든 것이 하나다. 그런데 그렇게 말할 수 있는 권리가 너에게 있는가? 영역을 '구분'한다는 것이 다른 영역을 '배제'한다는 것을 필연적으로 함축하는가?

'배제'라는 개념도 애매하다. 어떤 경우에 그것은 단지 구분한다는 의미다. 개는 고양이가 아니다. 개와 고양이를 구분하면서 개의 집합에서 고양이를 배제한다. 이런 경우에서의 '배제'는 단지 그 집합에 속하지 않는다는 의미일 뿐이

다. 개가 누리는 모든 권리를 고양이에게서 박탈한다는 뜻이
아니다.

이야기를 만드는 자와 그 이야기의 정당성을 분석하는 자. 여기에서 철학자의 위치는 어디인가?

나비는 내가 되고, 나는 나비가 된다. 그것은 물아일여物我一如의 경지가 아니라, 상상력이 빚어낸 소산이다. 제 아무리 도사라 할 지라도 결코 현실에서 나비가 될 수는 없다. 그러나 상상의 공간에서 나는 나비가 되어 하늘을 날아다닐 수 있다.

그런데 상상계는 결코 주체가 들어올 수 없는 곳이다. 이것이 무슨 소리인가? 그들은 왜 이런 주장을 좋아하는가? 좋아하는 그 주장의 의미는 분명한가?

주체의 죽음, 이 상징적 이야기의 의미는 무엇인가? 한 육체가 소멸하는 것이 주체의 죽음이 되는 것인가? 그럼으로써 죽은 나는 자연과 하나가 된다. 혹은 자연과 하나가 되기 위해 근대적 자아가 죽는다, 또는 죽어야 한다. 이 근대적 자아가 바로 모든 전쟁과 분쟁의 원천이다. 그렇지만 근대 이전에 있었던 전쟁은 무엇이란 말인가? 그것은 그냥 전쟁

이었다. 혹은 그것은 진정한 의미에서의 전쟁이 아니었다.

"먹고 배설하는 자아", 이것이 무엇인가? "동화되기 위한 축제", 분명 그들이 취향적으로 좋아하는 항목들이 있다. 동시에 나는 그것을 취향적으로 싫어한다. 내가 궁금한 것은 그것을 좋아하는 심리적 상태가 아니다. 애호 감정 밑바닥에 자리 잡은 정신의 구조, 그 감정을 뒷받침해주는 논거들이 궁금하다. '퇴행' '유아' '순수' '물아일여' 등이 비트겐슈타인이 말하는 가족 유사성을 보여주고 있다고 생각한다.

나는 그를 무시한다. 그것은 그가 철학적 실력이 없음에도 잘난 척 하기 때문이다. 그런데 그도 나를 무시한다. 내가 국내에서 학위를 받았고, 따라서 선험적 a priori으로, 즉 경험에 독립적으로 내게는 철학적 실력이 없다고 그가 생각하기 때문이다.

"그는 실력이 없다"는 것이 선험적 지식이다. 이것이 의미하는 것은 다음과 같다. "그는 실력이 없다"는 명제는 경험에 독립하여, 비경험적으로 그 참을 결정할 수 있다. 따라서 내가 국내에서 학위를 받았다는 사실은 개념적으로 논리적으로 실력이 없다는 것을 필연적으로 함축한다. 마치 그것은 "2 더하기 3은 5"라는 수학적 명제와 마찬가지다.

언어에 대한 불신주의, 그 기원은 참으로 오래되었다. 때로 언어는 이데올로기가 되고, 때로 언어는 동일성의 기준이 되며, 때로 언어는 사회체제를 의미하기도 한다. 어떤 의미로 사용하느냐에 따라 그럴싸하기도 하고, 때로 전혀 터무니없는 주장이 되기도 한다.

헤겔을 향한 러셀의 비판, 즉 헤겔은 술어의 '이다'와 동일성의 '이다'를 혼동하고 있다. "소크라테스는 현명하다"라고 영어로 말할 때, 그 '이다'는 술어이다. 반면에 "소크라테스는 독약을 마신 철학자이다"에서 '이다'는 동일성이다. 그것은 "a=b"로 표기된다. 반면에 "소크라테스는 현명하다"는 술어를 대문자로 쓰고 주어를 소문자로 표기하여 "Ws"로 표기된다. 헤겔은 이것을 혼동하고 있다. 따라서 "특수한 것이 보편적인 것이다"라는 진술에서 특수한 것과 보편적인 것은 동일하다고 주장한다. 그러나 특수한 것과 보편적인 것은 서로 다른 것, 혹은 대립하는 것이다.

그런데 왜 언어를 싫어하는가? 언어가 로고스이기에 그런 것인가? 로고스는 언제나 감성을 죽이는가? 언어는 근대국가의 수단인가? 언어가 근대국가를 만든 것인가? 아니면 근대국가가 언어를 만든 것인가?

나는 이제 스피노자가 나올 때가 되었다고 기대했다. 역시 스피노자가 나온다. 동시에 칸트의 공통감에 대한 비난도 시작될 것이라고 기대했는데 역시나 그렇다. 어떤 정형화된 패턴이나 도식으로부터 벗어나는 것, 그것이 중요하다.

 논증으로 철학한다는 것과 어떤 도식에 따라 철학한다는 것, 그 둘은 다르다. 어떤 심리적 동기가 그들을 그렇게 철학하도록 만들었는가? 또한 왜 이런 이야기, 혹은 이런 서사를 좋아하게 되었는가? 그것이 진리이기 때문인가? 아니면 이야기하는 것이 그들의 취향에 맞아 편안하기 때문인가?

12
푸코와 비트겐슈타인

"루트비히 비트겐슈타인과 미셸 푸코의 사유는 '표상주의적' 인식모델에 맞서 진리의 '구성주의적' 개념화를 가치 있게 만들기 위한 이들 각각의 노력에 따라 이미 서로 가까워졌다."

아마도 나는 이런 방식으로는 글을 쓰지 않을 것이다. 나는 다음과 같이 표현한다.

"루트비히 비트겐슈타인과 미셸 푸코의 사유는 서로 유사한 혹은 공통적인 측면이 있다. 그들은 '표상주의적' 인식 모델을 공박하면서 진리의 '구성주의적' 개념화를 보여준다."

나는 다음과 같은 스타일로 표현하는 것이 정말 싫다.

"두 철학자의 사유의 영토들을 모으는 길잡이는 하나의 관념적 토대 위에서 전개되는 것으로 보인다. 인식론적 개념들은 결정된 역사적 깊이를 분명히 하고, 이들의 의미론적이고 방법론적 가치로부터, 이들이 존재론적으로 자율적이고 자생적인 대상들로 여겨질 때, 이들을 자극하는 함축적인 고정성을 덜어주는 분석에 적합할 수 있다는 관념 말이다."

첫 문장은 그런대로 이해할 수 있다. 두 철학자의 사유는 어떤 공통적 지점을 가지고 있다. 그런데 이를 해명해주는 두 번째 문장은 정말 무슨 소리인지 알기 어렵다. 나는 이런 문장을 사용하는 자를 잘 모르면서 아는 척 하는 자라고 생각한다. 모르면서 아는 척 하지 말라. 혹은 흥분하지 말고 차분하게 문장을 써라. 길게 쓰지 말고, 끊어서 문장을 사용하라.

두 사상가 사이에 공통적 관념이 있다. 그 관념이 무엇인가? 어떤 분석에 적합한 관념이다. 어떤 분석인가? 함축적인 고정성을 덜어주는 분석이다. 그런데 "함축적인 고정성"이란 무엇인가? 그것은 "존재론적으로 자율적이고 자생적인 대상으로 여겨지는" 경우와 연관돼 있다. 그런데 우리는 지금 시를 해독하고 있는 것이 아니다. 자기의 어떤 사유를 전달하고 싶어서 글을 썼다면 함축적인 시와 다르게 자기 사유를 분명하게 표현하는 것이 독자를 위한 의무이다. 이렇게 분명하지 않은 구절은 그냥 버리고 가는 편이 낫다. 이해를 거부하거나 혹은 이해하기 어렵게 표현되어 있는 구절들은 그냥 무시하고 지나가면 된다. 다행스레 그 다음 문장이 이 수수께끼 문장을 어느 정도 해독할 수 있게 해준다.

"푸코와 비트겐슈타인의 독자 들은 정신적 표상과 사실 및 대상 세계 사이의 대응이, 외부 세계의 표상들의 무대인 동시에 이 표상들을 해독할 수 있는 심급일 어떤 정신에 의해 보장될 것이라는 실재론적 접근법들을 계속해서 논의한다."

이 문장은 무슨 소리인지 약간 알아들을 수 있다. "푸코와 비트겐슈타인의 독자 들은 실재론적 접근법에 대해 논의한다." 그 실재론적 접근법은 무엇인가? 그것은 "정신과 세계 사이의 대응이 어떤 정신에 의해 보장될 것이다"라고 말한다. 그러나 이렇게 표현하면 '실재론적 접근법'이 아니라, 오히려 '관념론적 접근법'이 된다. 그런데 그는 이어서 다음과 같이 말한다.

"로티의 유명한 은유를 빌려 말하자면, 정신의 '반성적 본질'은, 외부 세계가 그 자체 안에서 반영됨을 허용할 뿐만 아니라 동일한 계기에 의해 그 인식을 보장한다."

로티가 말하는 정신의 '반성적 본질'이란 아마 '정신의 거울적 본성'일 것이다. 우리 정신은 자연을 그려내는 거울이다. 따라서 세계는 우리 거울에 투명하게 반영된다. 따라서 분명치 않게 표현된 실재론적 접근은 다음처럼 고쳐 쓸 수 있다. "정신과 세계 사이의 대응이 거울과 같은 정신에 반영되는 세계에 의해 보장될 것이다." 이것이 바로 실재론적 접근이다.

그는 이어서 다음처럼 주장한다.

"인식을 초월적이고 고독한 주체에 완전히 반역사적인

방식으로 기초하는 관념론적 접근법들, 특히 현상학조차도 푸코와 비트겐슈타인의 철학을 구성하는 반토대주의적 비약에 의해 해체되었다."

여기에서는 실재론적 접근법과 대조되는 관념론적 접근법에 대해 말하고 있다. 관념론적 접근법은 인식을 초월적이고 고독한 주체, 선험적 주체에 의해 구성된 것으로 해명한다. 이런 관념론적 접근법뿐만 아니라, 실재론적 접근법도 푸코와 비트겐슈타인의 반토대주의에 의해 해체되고 비판된다.

그런데 왜 '비약'이라는 표현을 사용했을까? 토대주의적 접근, 즉 실재론적 접근과 관념론적 접근이 틀렸다고 담담하게 표현하면 된다. (그런데 관념론적 접근이 과연 토대주의적 접근인지는 의심스럽다. 토대주의에 대립하는 것은 정합주의인데, 관념론이야말로 가장 대표적인 정합주의이기 때문이다.) 그런데 토대주의적 접근은 왜 틀렸는가?

"이러한 종류의 접근법들은 의식이 자신을 구성하는 역사적 절차들의 총체와 화자 공동체를 지각함으로써 배척한다고 간주하여 비판을 받는다. 따라서 두 철학자의 작업은 언제라도 베일이 벗겨질 수 있는 근원적인 외재성의 허구에 또한 역사를 가지고 있지 않은 고독한 의식의 존재론적 모험

이야기들에 반대하기를 자처한다."

이런 멋 부리는 문장이 의미를 제대로 전달해준다면 그것은 괜찮다. 그러나 언제나 이런 종류의 문장은 우리 사유를 '몽롱'하고 멍청하게 만든다. 특히 첫 문장은 잘못 쓴 문장처럼 보인다. "배척한다"라는 표현의 목적어가 없다. 이런 논의의 문맥에 따라 다음처럼 정리할 수 있다.

이런 접근법, 즉 초월적이고 고독한 주체에 의한 접근법은 역사적 절차들의 총체와 화자 공동체를 배제한다. 그러나 이 역사적 절차들과 화자 공동체가 초월적이고 고독한 절대적 주체에 의해 구성되는 것이 아니라, 오히려 내(주체)가 그것에 의해 구성될 것이다. 이것을 비트겐슈타인과 푸코가 주장하고 있다.

따라서 이 글의 주장을 다음과 같이 요약할 수 있다. 푸코와 비트겐슈타인, 두 철학자 들은 다음 두 가지 생각을 거부한다. 첫째, 우리 사유나 언어, 혹은 역사나 사회 바깥에 자율적이고 자생적인 어떤 실재가 있다. 둘째, 우리는 절대적인 의식 주체이다. 이런 초월적이며 (선험적인) 내가 모든 존재하는 것들을 구성한다.

적어도 이렇게 명백하게 표현되어야 비로소 이 두 가지 생각에 대한 거부가 정당한지 여부를 토론할 수 있다.

13

취향의 억압

　자신의 취향을 강요한다는 것, 그것이 바로 폭력이다. 적어도 이 점에서 모든 윤리적 판단이 취향에 지나지 않는다고 주장한 논리적 실증주의를 무턱대고 비난할 수는 없는 것처럼 보인다. 논리적 실증주의는 윤리적 판단이 취향이라고 주장한다. 윤리적 판단은 우리를 간섭할 권리가 없다. 그것은 우리에게 강요하고 명령할 권리가 없다. 그러나 취향이 마치 반드시 지켜야만 하는 진리인 것처럼 우리에게 명령되고 강요된다.

그러나 윤리는 취향이 아니다. "거짓말하지 말라"는 윤리적 명령은 결코 짜장면이나 짬뽕을 선택하는 취향의 문제가 아니다. 내가 짜장면을 먹을 것인지, 아니면 짬뽕을 먹을 것인지 하는 것은 논쟁할 필요가 없는 취향의 문제이다. 그러나 내가 취향 때문에 타인에게 해악을 가하지 않는 것은 아니다.

우리 언어의 묘미는 바로 그 '애매성'에 있다. 애매성은 한 단어가 서로 다른 두 가지 의미를 갖는 경우이다. 때로 어떤 이에게 애매성은 난점이며 결함이지만, 다른 이에게 그것은 자기 생각을 표현하는 효과적 수단이다.

러셀은 애매성과 모호성에 대해 매우 부정적이다. 따라서 그는 우리가 사용하는 일상언어 대신 이상적인 언어, 논리적으로 구성된 언어를 좋아한다. 거기에는 애매성이나 모호성이 제거돼 있기 때문이다. 반면에 일상언어 철학자, 가령 라일Gilbert Ryle이나 스트로슨P. F. Strawson은 논리적으로 구성된 언어가 바람직하지 않다고 이야기한다.

애매성에 대한 서로 다른 이러한 태도는 취향의 문제인가? 아니면 애매성을 바라보는 어떤 철학적 논점의 차이 때문인가? 이 두 가지가 분명하게 구분되는가?

미술평론 하나를 읽는다. 그 평론의 요지는 논의 대상이 되는 그 그림이 어떤 잠재된 심상을 드러내 보인다는 것이다. 그 잠재된 심상이 무엇인가? 그것은 잃어버린 자아에 대한 것이다. 평론은 그러나 그림에서 이것을 읽어내기가 쉽지 않다고 말한다. 그림 속의 이미지들이 은유로 사용되거나, 즉흥적으로 차용되기도 하고, 또 아예 지워져버린 것도 있기 때문이다.

잃어버린 자아라는 말은 자아가 존재하고 있었다는 것을 가정한다. 우리는 원래 있었던 그 자아를 상실하고 그것의 대체물에 불과한 어떤 자아를 진정한 자아로 착각하고 있다. 따라서 잃어버린 자아를 찾는다는 것은 지금 우리가 자아라고 생각하는 것을 삭제하거나 제거하고 소거하는 일을 동반한다.

이런 경우 가장 쉬운 방법은 지금 내가 느끼고 생각하는 모든 생각, 심상, 이미지 등을 화면 안에서 해체하거나 지워 나가는 것이다. 그럼으로써 내용물이 가득 찼던 화면, 즉 자아의 표현들은 하나씩 그 의미 역할을 부정 당한다. 어떤 의미에서는 상식적 형태와 색깔들의 해체, 다른 무엇의 대용물로 형태, 색깔, 화면을 구성하는 재질을 부정하고 형태, 색깔, 매체 자체의 사물적 특성을 보여주는 일, 바로 이런 일이 필요하다.

그러나 이런 경우 "그 그림이 무엇을 의미하는가?"라는 질문은 이미 잘못 제기된 질문에 지나지 않게 된다. 그 그림이 그냥 거기에 있다. 이미 그림 자체가 하나의 대상 혹은 오브제이며, 하나의 독립된 세계다. 이러한 작업은 그러나 잃어버린 자아 찾기와 직접 연관되지는 않는다. 오히려 자아 자체의 개념조차 부정하는 것이라고 말하는 편이 더 정확하다. 자아에 의해 구성된 현상을 지워나가고 삭제해 나갈 때, 남아 있게 되는 것은 다만 해체된 자아의 흔적 외에 아무것도 없다.

그러나 우리의 문맥에서 이러한 작업은 그렇게 매력적인 것처럼 간주되지 않는다. 그 흔적은 바로 진정한 자아의 간접적 드러남이어야 한다. 내놓고 이야기하지는 않지만, 우리의 어떤 정신적 가치가 그림과 여전히 깊은 연관을 맺고 있어야만 한다는 말이다.

사실 그림의 자율성이나 독자성은 우리에게 낯선 개념이다. 우리에게 있어 그림이나 예술은 결코 독자적이며 자율적인 위상을 누린 적이 없다. 기껏해야 그것은 사대부들의 여가와 취향이었거나 혹은 신분이 주었던 우연적 부산물에 지나지 않았다. 따라서 우리에게 그림은 단지 장식에 지나지 않는다. 그것은 소박한 즐거움을 불러일으키는 장식이거나 혹은 고결한 정신적 세계를 드러내주는 장식이었다.

이런 맥락에서 진정한 자아를 찾기 위해 지우고 해체하고 삭제하는 작업은 어떤 비이성적이고 음험하며 적나라한 무의식의 표현이라기보다는 오히려 자기 수양의 과정처럼 보인다. 가득 차 있는 것을 텅 비우게 만듦으로써 진정한 실재를 드러낸다는 일종의 역설, 어떤 의미에서 우리의 추상적 그림은 이런 생각에 깊게 의존하고 있는 것처럼 보인다.

미술평론은 잃어버린 자아 찾기를 해명하고자 프루스트, 프로이트, 재현 개념의 비판 등을 동원하고 있다. 그러나 이러한 장치들이 오히려 그 결론의 설득력을 명확하게 이해하기 어렵게 만드는 것처럼 보인다. 아마도 그가 다른 이론적 장치에 매혹되었다면, 어쩌면 라캉, 파노프스키, 데카르트 등의 장치가 동원되었을 것이다.

어떤 이에게 이것은 그림을 해명하는 그의 식견과 풍부한 지식을 보여주는 장치로 인정될 것이다. 그런데 나에게는 단지 '종합 백화점'이라는 인상만 든다. 그런데 이것도 대단한 것 아닌가? 단지 연상을 통해 유사한 것들을 모아 열거해 놓는 것, 나는 이런 게 싫다. 하지만 그래봐야 이는 단지 내 취향의 표현일 뿐이다. 아니다. 그 이상의 어떤 것이 있지 않은가?

14
본래성

 어떤 의미에서 그것은 취향일 수 있다. 그것도 전공에서 오는 취향 말이다. 가령 '탈현실적인 타자성의 철학' '인식론적 기본틀' '카오스모스의 시학' '의미론의 차원' '존재론적 단절' '구성적 대립' '변증법적 지양' 등의 용어가 들어가 있을 때, 누군가에게는 그것이 대단해 보일 수도 있겠지만 적어도 내게는 오히려 거추장스러워 보일 뿐이다. 혹은 그냥 유치하다.

"나는 햇살 속에서 꿈을 꾸었다. 영희가 팬지꽃 두 송이를 공장 폐수 속에 던져 넣고 있었다."

이름 없는 아름다움, 이런 생각이 아마 이론이나 분석을 싫어하는 계기를 마련해주는 것이라고 생각한다. 우리가 사는 세계를 사실적으로 그려내야 하는가? 아니면 다른 방식으로 표현해야 하는가? 그런데 이 중요하게 토론되었던 문제가 순전히 만들어진 문제라는 느낌이 든다.

오직 그 세계에서만 문제 삼는 문제, 아마 철학의 문제도 상당수 이런 문제일 것이다. 철학이라는 문맥에서 벗어나면 그 문제는 그렇게 중요하지 않다. 그런데 철학이라는 문맥에서 벗어난다는 것은 어떤 함축을 갖는가?

그 대립이 정말 근원적인 것이라면 결코 그 대립으로부터 벗어날 수 없다. 그러나 역사적인 것이라면 마냥 기다려 볼 수도 있다. 왜냐하면 어렵더라도 변화할 수 있는 희미한 가능성이 있기 때문이다.

아마도 올바르게 표현한다면, 우리가 살고 있는 역사적 현실 속에서 진정한 가치, 즉 사랑, 인간, 사회, 부, 희망, 교육, 이런 것들을 끊임없이 생각하게 만들어준다는 것이 아닐까? 주관적 취향 혹은 '이름 없는 아름다움'에 객관성을 부여하고 이름을 붙여 공감을 이끌어내는 작업은 분명 그렇게 쉬운 작업이 아니다.

유사하게 이명박 정권이 보여주었던 행태는 우리로 하여금 많은 철학적 질문을 던지게 한다. 역사적 진보, 혹은 민주주의, 언론의 본성과 한계, 경제성과 도덕성, 논리적 일관성, 겉과 속, 부자와 가난한 자, 이 땅에서 산다는 것, 이성과 비이성. 이런 의미에서 철학은 단지 철학의 세계에만 있지 않다.

이명박은 곧 사라질 터인데, 이런 문제들에 천착한다는 것이 어떤 의의가 있다는 말인가? 과연 달라지는 것이라곤 없는가?

이런 문제들을 생각하는 데 어떤 수준에 대한 척도가 필요하다면 그것은 무엇인가? 거론되는 외국학자의 이름이나 그의 이론은 아마도 장식에 지나지 않을 것이다. 오히려 진지하게 생각해 볼 수 있는 가능한 한 사례를 구성하는 것이 정당하지 않은가? 단순히 가능한 한 사례를 제시하거나 어떤 생각을 무비판적으로 옹호하는 것은 무책임하다.

오히려 그것이 과연 우리가 생각하는 문제를 얼마나 설득력 있게 풀어주는지가 더욱 중요하다. 피터 싱어의 『실천윤리학』을 다시 읽으며 많은 것을 배운다.

"벌레는 바로 너야", 벌레들이 야곰야곰 내 몸을 물어뜯는다. 혹은 내가 그들의 몸을 야곰야곰 뜯어 먹는다. (그런데 '야곰야곰'은 '야금야금'의 틀린 표기이다. 그럼에도 나는 '야곰야곰'이 좋다.) 이 점에 있어서는 철학이나 문학이나 별 차이가 없다.

내가 느끼는 감정에 대해서도 그 논거를 제시해야 하는가? 대부분 그럴 필요가 없지만, 그래야 하는 경우도 있다. "나는 그가 싫다. 그런데 아무런 이유가 없다. 그냥 그가 싫다." 그러나 곰곰이 생각해보면 그가 싫은 이유는 분명히 있다. 그것과 대면하기 싫기 때문에 그냥 그가 싫다고 표현하는 것이다.

나는 내가 느끼는 감정에 대해 왜 그런지 따져보는 대신 그 감정의 섬세한 모습을 표현할 수 있다. 그는 나에게 마치 죽음처럼 싫다. 아마 나는 그가 죽음처럼 싫다가 올바른 표현일 것이다. 혹은 그는 나에게 거대한 죽음이다.

어떤 경우에는 감정이라고 말하고, 어떤 경우에는 태도와 가치라고 말하고, 어떤 경우에는 시적 인식이라고 말한다. 이것을 섬세하게 표현할 수 있다. 그런데 이러한 표현들에 대한 탐구는 감상문이 아니다. "참, 감동적이다. 너무나 좋았다. 반드시 필요하다." 왜 감동적이고, 왜 좋았는가? 단지 좋았다는 것이 정당한 이유가 되는가? 그것이 우리 문맥에 과연 필요하고 중요한 것인가?

세상에 대한 어떤 가치 혹은 취향의 표현에 대해 공감을 느끼고 찬동할 수 있다. 그 공감과 찬동의 정체를 다시 표현하는 것이 아니라, 그 의미와 가치를 밝혀주어야만 비로소 취향의 표현이 진정한 공감의 표현으로 탈바꿈한다.

"우리의 삶은 비극적이다. 따라서 우리는 시적 상상력을 통해 새로운 세계로 가야 한다." 이런 논증이 갖고 있는 의미와 한계는 무엇이란 말인가?

"백지 위에 막연하게 그림을 그리는 것", 이것이 상상력의 본질인가? 아마 그런 말을 할 수 있다면, "구체적 상상력"은 백지 위에서 시작하는 것이 아니라, 온갖 때가 묻어 있는 종이 위에서 시작해야 한다. 그럴수록 그 상상력이 보여주는 "새로운 세계"가 단지 새롭고 신기하다는 호기심 거리에서 벗어나 우리에게 구체적인 감동을 준다.

이것을 옹호하기 위해 메를로-퐁티까지 거론해야 하는가? 할 수도 있고, 안 할 수도 있지만, 마치 반드시 해야 하는 것처럼 생각할 때, 지성적으로 유치해진다. 그 결과, 내 사유를 위해 필요한 장식들이 훨씬 중요하게 된다.

아무것도 없는 백지 위에서 마치 모든 것을 다 할 수 있는 것 같이 생각하는 착각, 그럴수록 그 상상력은 공허하게 된다. "비워버린 마음에 아무것도 채우지 않아도 가득함을 인식하는 일." 그런데 이것이 가능한가? 아마 자기도 모르는 말을 하는 것이리라. 이런 행태로부터 벗어나야 한다.

물론 노자나 장자는 우리에게 이것을 권유한다. 비워라. 이것은 이해할 수 있다. 그런데 그것이 곧 채움이라고 주장한다. 이 경지가 이해되질 않는다. 아마도 비움과 채움이 서로 다른 차원임을 이야기한다면 이해할 수도 있다.

이 경지를 섬세하게 묘사하는 것이 공감을 불러 일으킨다면, 그것은 이미 그가 그 주장에 찬동하기 때문이다. 그렇지 않은 경우에는 그러나, 그 섬세한 묘사가 그냥 '개폼' 잡는 것으로 보일 뿐이다. 뻔히 알 수 있는 이야기를 다시금 달리 표현하여 반복하는 것, 이미 도식이 돼버린 생각을 다시 낯설게 포장하여 마치 새로운 것처럼 이야기하는 것, 이것이 바로 인문학적 수준을 평가하는 기준이 된다. 따라서 나는 그가 별로 실력이 없다고 생각한다.

15
유치한 감동

『데미안』을 다시 한번 읽는다. 그런데 그냥 유치하게만 느껴진다. 이제 내가 너무 늙어서 과거의 감동을 기억하지 못하고 있기 때문인가? 아니다. 이제는 헤세의 제안 혹은 주장이 그저 우습게 보이기 때문이다. 그냥 사춘기 청소년이 스스로 자기 생각을 심오하다고 여기는 것처럼 느껴진다.

한 가지 방법은 그의 심오성에 대해 이야기하는 글을 읽는 것이다. 거기에서 공감할 수 있는 것은 수용하고, 그렇지 못한 것은 비판하면서 거부하면 된다. 나는 이렇게 평가하는데, 그는 내가 미처 보지 못한 차원을 이렇게 이야기하고 있구나.

빛과 어둠의 동일성, 선과 악의 동일성, 이성과 감성의 동일성. 이런 말들은 나에게 공허하며, 바로 그러한 이유로 실질적 감동을 주지 못한다.

어떤 철학자, 사상가, 예술가에 대한 과도한 숭배와 탄성, 이것은 참으로 유치하다. 이러한 숭배에는 검토해봐야 할 어떤 생각들이 자신만의 어떤 체험을 통해 너무나 당연한 것으로 분명히 가정되고 있다. 그러나 그것은 맞다. 내 고유한 혹은 고통스러운 경험을 통해 절실하게, 절절하게 체험했기 때문이다. 네가 이러한 절실함을 감히 알기는 하는가?

그러나 일반화하거나 숭배할 때, 그것은 과장되기 마련이다. 어떤 의미에서 늙는다는 것은 어떤 단 한 가지 것에 지나치게 많은 의미를 부여하지 않는다는 것을 의미한다. 그럼으로써 호들갑 떨지 않게 된다. 어떤 열광적 정열, 그 눈부신 자신감도 없다. 오히려 그것은 부러움의 대상이 아니라, 유치함의 대상이 된다.

빛과 어둠의 비유는 사실 흥미로운 생각들을 많이 떠올리게 한다. 그러나 빛이 밝으면 어둠이 깊다는 멋있는 이야기가 적어도 나에게는 이제 식상하다. 빛은 어둠을 '억압'하는가? 빛과 어둠의 상관성이 선과 악으로 무리 없이 유비될 수 있는가? 이성과 본능, 혹은 이성과 감성의 경우에는 그 유비가 더 많은 함축을 가지고 있을 것이다. 비트겐슈타인이 말한다. 유사한 것만 보지 말라. 오히려 차이를 보라.

우리 인간의 본능, 우리의 진짜 인간적인 본능이란 무엇인가? 도대체 무엇이 그 본능을 억압하는가? 억압당하는 우리는 언제나 불행한가? 혹은 그 억압이 오히려 역설적으로 우리를 더 인간적으로 만들어주는 것은 아닌가? 어떤 제한, 혹은 어떤 것을 가능하게 하는 조건마저 억압이라고 표현해야 하는가? 프로이트는 매우 흥미로우며 종종 통찰력을 주기도 하지만, 그렇다고 해서 그의 모든 이야기가 다 맞는 이야기인 것은 아니다. 모든 것, 혹은 많은 것들을 성적으로 해명하려는 그의 시도는 흥미롭지만, 적어도 나에게는 그것이 그냥 거짓말처럼 느껴질 때가 훨씬 많다. 혹은 그가 아직도 젊다고만 느껴진다. 그 주제에 시들할 때, 가령 성적 문제에 대해 큰 가치와 의미를 두지 않을 때, 그에 대한 감탄은 참으로 유치하게 느껴진다. 혹은 젊은 아이들의 관심으로 간주된다. 아마 그때에는 그것이 전부였다고 해도 거짓말은 아닐 것이다.

시간이 나면 니체를 차분하게 읽어보리라고 결심한다. 그런데 이미 그가 유치할 것이라는 예감이 든다. 그럼에도 여전히 그에게 감탄하는 철학자가 많다. 그렇다면 그가 유치하다고 생각하는 내 생각이 틀린 것은 아닌가? 아니면 그냥 내 취향일 뿐인가? 취향 이상의 더 깊은 차원이 있는데, 내가 보지 못하는 것은 아닐까?

하이데거의 『사유란 무엇인가』를 읽는데 갑자기 이런 생각이 든다. 도대체 하이데거는 자기가 하는 주장을 어떻게 알았는가? 이런 궁금증은 노자의 『도덕경』을 읽을 때에도 똑같이 가졌던 느낌이다. 도를 도라고 하면 더 이상 도가 아니다. 왜 그런가? 그렇게 주장하는 논거가 분명치 않다. 그렇다면 그는 도대체 그것을 어떻게 알았는가?

우리가 사유할 수 있게끔 그것이 우리에게 다가와야 한다. 그런데 그것이 아직 오지 않았는가? 더 기다려야 하는가? 그런데 왔는지 안 왔는지 어떻게 알 수 있을까? 그것은 즉감적으로 모든 것을 통해 느끼는 것이다. 그러나 이것이 진실한 것이라는 보장이 있는가?

사유란 무엇인가? 하이데거가 제안하는 것은 결국 이제부터 그것에 대해 사유해보자는 것이다. 그는 늘 이런 식이다. 철학이란 무엇인가? 이제부터 그리스적으로 철학에 대해 생각해야 한다. 시간이란 무엇인가? 이제부터 주체적으로 혹은 내면적으로 시간에 대해 성찰해야 한다. 여기에 어떤 진중하고 심오한 힘이 있는가? 있다고 생각하면 착각인가? 아니면 그가 어떤 중요한 것을 지적하고 있는데, 작은 내가 그것을 보지 못하는 것은 아닌가?

큰 새 붕鵬이 하늘 높이 날아오른다. 매미, 비둘기, 메추리가 말한다. 저런 짓이 무슨 의미가 있단 말인가? 그래서 장자가 말한다. 작은 것은 큰 것을 이해하지 못한다. 크게 길게 높게 넓게 바라보라.

사실 우리는 노예다. 사실 우리는 자유가 아니다. 우리를 구속하고 있는 것이 무엇인가? 니체가 말한다. 우리는 우리 자신에게 이방인이다. 우리는 우리 자신을 이해하지 못한다. 우리는 우리 자신을 혼동하지 않을 수 없다. 우리는 우리 자신으로부터 가장 먼 존재다. 우리는 억측의 포로다. 과연 그런가? 그가 과장하고 있는 것은 아닌가?

아직까지 '거울'을 갖고 놀고 있는 자는 누구인가? '성찰'을 이야기하는 자인가? 그 성찰을 수행하는 방법론은 무엇인가? 여전히 나르시시즘에 빠진 자들인가? 아니면 병든 인간들인가? 또는 분열된 자들인가? 아니면 욕망의 정체를 진지하게 파악하는 자인가? 아니면 무엇인가 거짓말이라도 이야기하고 싶은 자인가? 거짓말이라도 해야 살아남을 수 있는 자들인가?

 자기가 살고 있는 빛의 세계가 바로 상층, 혹은 중간 계층의 집안이다. 그곳은 기도와 용서와 회개가 자리 잡고 있는 안온하고 따스한 세계다. 반면 어둠의 세계는 하층 집안의 세계다. 그곳은 욕설, 폭력, 사기, 난잡스러움이 있는 세계다. 만약 주인공이 어둠의 세계의 존재였다면, 그가 심각하게 고심했던 내용의 정체는 달라져야 할 것이다. 게다가 나처럼 기독교라는 종교에 대해 심각하게 생각하지 않는 사람에게는 그 고통이 절실하게 전달되지 않는다. 이는 어떤 의미에서 '거울'을 갖고 노는 어떤 자들에게도 마찬가지일 것이다.

 그것이 적어도 인간이라면 마땅히 고심하고 심각하게 생각해야 하는 어떤 것이라면, 그것이 정말 그렇다는 것을 설득력 있게 보여야 한다. 체험에 호소하는 것은 이미 그 체험의 암시를 지닌 자에게만 설득력이 있을 것이다. 그래서 어떤 감탄과 공감이 나에게는 그저 무책임하거나 유치하게만 보인다.

 어떤 시인의 일기책을 읽는다. 그는 화가 나 있었고 고통스러워하고 있었지만, 나는 그가 왜 그런 것인지 도저히 알 수 없었다.

　몇 주 동안 하이데거의 글이나 그에 관한 글을 읽고 있다. 모든 사태가 다 하이데거와 연관이 있는 것처럼 느껴진다. 라캉의 이야기도 하이데거의 짝퉁처럼 느껴진다. 라캉과 하이데거가 실제로 어떤 관계인지는 모르겠지만, 구태여 그것을 찾아보고 싶은 생각은 들지 않는다. 라캉은 자기가 주장하고 있는 이야기를 어떻게 알았는지 궁금하다.

　대상 a, 주이상스, 존재사건 등의 개념에 대해 그가 하고 있는 이야기, 그것이 참이라는 것을 그는 과연 어떻게 알았는가? 그런데 어떤 사상가, 철학자, 예술가를 숭배하는 경우에는, 이런 물음이 결코 제기되지 않는다.

한 문학평론을 이해하기 위해 필요한 것들

내가 그들과 대화하기 위해 혹은 그들을 이해하기 위해 필요한 것들은 무엇인가? 첫째, 고대 그리스 신화다. 그들에게 그곳은 우리 인간 사유의 원형이라 여겨지고 있다. 그래서 고대 그리스 신화에 나타난 예술, 아름다움, 욕망, 사랑, 증오, 인간, 신, 이 모든 주제에 대한 어떤 생각이 마치 거절하면 안 되는 무엇처럼 강한 버팀목으로 작용한다. 그렇지만 이런 생각이 정당한가?

가령 그리스 신화를 통해 예술을 '사적 욕망의 표현'이라 믿는다고 해보자. 그런데 정말 예술이 사적 욕망의 표현인가? 공적 욕망의 표현은 아닌가? 아니라면 왜 아닌가? 단지 원형적이지 않기 때문인가? 따라서 그들이 공적 욕망의 표현으로서의 예술을 근대 이후에나 자리 잡은 것으로 여기고 있음을 알 수 있다. 그런데 이런 주장에서는 원형이 마치 규범처럼 기능한다. 우리는 따라서 그것을 받아들여야만 한다. 그러나 예술이 비록 사적 욕망에서 비롯되었다고 해도, 예술을 예술이게 하는 것은 그런 발생적 원천이 아니다. 그 이상이 필요하다.

둘째, 아렌트Hannah Arendt다. 왜 아렌트가 필요한가? 그녀가 『판단력비판』을 중시하기 때문인가? 서술문이나 명령문과는 다른 어떤 가능성, 그녀는 그것을 정치의 영역에서 적절하게 잘 지적하고 있는가?

"부르주아의 경제적 요구에 따라 국가가 자신의 권력을 이용하여 국가 차원에서 비즈니스에 관심을 쏟으면서 정치 공동체가 파멸되고 개인이 개성을 상실하여 집단의 일원으로 몰락하는 과정을 설명하는데, 이는 시대를 넘어 바로 오늘날의 경제지상주의가 지배하는 정치 세계에 대한 적절하고 타당한 경고가 되고 있다. 이상과 같은 정치 개념은 이전 정치 사상에서는 찾아볼 수 없었던 것이다. 플라톤에서 마르크스에 이르기까지 주요 정치 사상가는 다양성의 존중이 아니라 오히려 다양성을 근원적으로 부정하는 진리 주장을 중심으로 정치사상을 구성해왔다."

혹시 이 구절에 어떤 과장이 있는 것은 아닌가? 가령 로크J. Locke나 밀J. S. Mill은 다양성을 강조하지 않고 있는가?

셋째, 벤야민이다. 『발터 벤야민의 문예이론』에 있는 벤야민의 글은 참 읽기 어렵다. 아도르노, 호르크하이머의 『계몽의 변증법』이나 마르쿠제의 『일차원적 인간』도 마찬가지다. 여기에서 보이는 독일 지식인들의 에세이 스타일, 그것은 그들의 개성 있는 스타일이지만 그 스타일에 적응하기는 참 어렵다. 어떤 의미에서는 이런 스타일이 불투명한 사유를 만들어내는 데 한 몫 한다고 본다. 아마 비트겐슈타인도 호흡이 짧아 이런 스타일에 적응하지 못한 것처럼 보인다. 그럼에도 그는 이런 스타일로 글을 쓰고 싶은 동경을 갖고 있었던 것 같다.

넷째, 들뢰즈이다. 차이와 반복, 반복과 이접disjunction. 논리학에서는 이접을 선접, 혹은 선언이라고 번역한다. 말 그대로 "p or q"가 선접選接, 혹은 선언選言이다. 그런데 이접이란 무엇인가? "모두 이질적인 두 단어가 A+B의 구성으로 이루어져 있다." 그런데 이 주장은 선언이 아니라 연언conjunction을 의미한다.

"내용은 A나 B 어느 한쪽과 관련된 이야기이거나, A가 B를 특별한 방식으로 만드는 이야기가 아님을 알 수 있다. 의미들은 A∩B를 통해 파생되며, 이를 통해 A나 B가 기존의 의미에서 벗어나고 그것들의 공통점에 기반하되 새로운 의미가 부여된 A가 무한대로 풀려 나오게 되는 것이다." 무슨 이야기인지 대충 알겠다. 그런데 별로 새로운 주장처럼 보이지 않는다. '은유'에 대한 철학적 분석 몇 가지만 보아도 대충 유사한 이야기를 할 수 있다. "유사하지만 차이가 나는, 혹은 차이가 나지만 유사하고 중첩된 효과를 내는", 멋있는가?

다섯째, 포스트모던 건축물이다. 예외 없이 반복과 비중심성, 혹은 산종散種, 중첩, 이런 개념 들이 나온다. 그러나 나는 때로 나는 딱 각이 잡혀 있는 그런 단순한 건물이 좋다. 이런 내가 '남근 중심주의자'인가? 오히려 이런 명칭을 붙이는 자들이 더 웃기지 않는가? 장식이 없는 단순성. 복합적인 장식들이 오히려 어떤 핵심을 은폐한다. 혹은 문제를 더욱 어렵게 만든다. 혹은 사르트르 표현처럼 그것은 '자기 기만적'이다. 물론 왜 이렇게 생각하는지 세밀한 논증이 필요할 것이며, 그 논증의 정당성에 대해 토론할 수 있을 것이다.

여섯째, 근대에 대한 비판, 혹은 탈근대, 여기에 주변부처럼 등장하는 자본주의, 혹은 후기 자본주의 비판이다. 어떤 의미에서 마르크스의 주장은 순수해서 좋다. 따라서 그의 대안도 그만큼 단순하고 순수하다. 그러나 자본주의에 대한 다른 비판은 대안을 거의 불가능하게 만드는 것처럼 보인다. 체계를 비판할 수 있는 가능성은 어디에서 오는가? 그 비판과 함께 새로운 전망의 가능성을 생각할 수 있는가? 새로운 전망의 가능성이 부정된다면, 그와 함께 체계를 비판할 수 있는 가능성 또한 부정될 것이다. 그런데 그들은 새로운 전망의 가능성을 부정하면서 동시에 체계를 비판할 수 있는 가능성은 열어 놓는다.

따라서 곤혹스럽다. 그런데 이러한 곤혹감을 복합적인 장식으로 위장하는 것은 적어도 나에게 그렇게 솔직해 보이지 않는다. 말하는 대신 차라리 침묵하면 어떨까? 아니면 제대로 올바르게 정곡을, 핵심을 담백하게 말하면서 우리의 무기력을 고백하는 건 어떤가?

일곱째, 데리다, 현존의 형이상학, 차연, 혹은 흔적이다. 그런데 어떤 경우에는, 데리다가 들뢰즈고, 들뢰즈가 데리다이다. 이들은 무엇이 유사하고, 무엇이 다른가? 왜 이들이 우리에게 이렇게도 깊은 흔적을 남겨 놓고 있는가?

프로이트와 라캉, 그런데 푸코가 누락된 것 같다. 루카치는 유행이 지나버렸는가? 그람시, 알튀세르, 이들은 왜 나오지 않는가? 게다가 요사이 새로이 부각되는 인물들도 누락되어 있다. 지젝은 왜 아직 등장하지 않았는가? 아감벤, 바디우, 랑시에르, 메이야수 등이 등장해야 하지 않는가? 마치 이들이 우리의 스승 같고 친구 같다. 그런데 이 모든 것이 우리의 문학을 이해하기 위해 필요한가? 반드시 필요한가? 그들을 모르면 문학을 이해할 수 없는가?

    많은 도움이 되는가? 아니면 도움이 된다고 느끼는 것인가? 그런데 어떤 것이 도움의 역할을 넘어 자명한 교리처럼 될 때, 마치 '각 잡힌 건물'로 혼동하기 쉬운 성냥갑 아파트처럼 되리라는 생각이 든다. 이미 그렇게 되었는지도 모르겠다.

17
변신

사소한 흔적 때문에 모든 것을 잊을 수도 있다. 이런 경우에는 그 흔적을 결코 사소하다고 할 수 없을 것이다. 오히려 그 사소한 것이 더 중요한 것은 아닌가? 본말本末이 전도된 것, 그런 게 어디 한두 가지인가?

그냥 공부를 한다는 것, 그것이 참으로 어렵다. 화가 장욱진이 말한다. 내가 한 것이라곤 그림 그린 것밖에 없다. 그가 부럽다.

부당하게 피해를 받았음에도 거기에 사감私感이 개입되면 참으로 추해진다. 중도中道란 여기에 어울리는 이름일 것이다. 너는 내 친구다. 그런데 그는 내 적이다. 그러니 너도 그와 놀지 말아라. 참으로 유치하다.

'친구'와 '적'은 반대 개념이다. 그는 내 친구가 아니다. 따라서 그는 내 적이다. 아니다. 비록 그가 내 친구는 아니지만, 적도 아닐 수 있다. 마찬가지로 나는 너와 친구면서도, 동시에 다른 차원에서는 그하고 친구가 될 수 있다.

철학은 반성이다. 어떤 의미에서 그것은 내 안에 있는 유치함의 극복이다. 그러나 그것이 그렇게 말처럼 쉬운 일은 아니라는 생각이 든다. 그것이 옳다고 생각하기 때문에, 혹은 너무나도 친숙하기 때문에, 유치한 듯 느껴지는지 모른다. 설혹 안다 해도, 결코 수정하려 들지 않는다. 왜냐하면 그것은 나에게 너무나 친숙한 것이며, 지금까지 나를 지탱해왔던 것이기 때문이다.

전문학자로서 철학자에게 가장 중요한 덕목은 자기주장을 정당한 논거를 통해 입증하고 설득하는 것이라고 생각한다. 그러나 논거 없이 단지 소개만 있는 경우, 또는 어떤 철학자의 사유를 해설만 하고 있는 경우, 그 노력에 비해 우리가 토론할 것, 또는 배울 것은 별로 없다.

어떤 관습에 적응하지 않는다는 것은 자신을 젊게 유지하는 방법인 동시에 본래적인 것을 찾는 한 가지 방식이 될 수도 있다. 그러나 그 관습의 힘이 강할수록 그것에 적응하지 않는다는 것은 아직 세상을 모르는 철 없는 존재라는 이야기도 된다. 그렇지만 여기는, 폼 잡는 곳이 아니라, 공부하는 곳 아닌가?

은유에 대한 리쾨르와 레이코프의 견해가 소개된다. 그러나 정작 철학을 전공한 나는 할 말이 없다. 왜냐하면 은유에 대한 리쾨르나 레이코프의 책을 읽어본 적이 없기 때문이다. 그런데 내가 은유에 대한 이들의 생각까지 알아야 하는가? 그것이 내 전공은 아니지 않은가? 이 모든 것을 다 할 수는 없지 않은가? 그러나 내가 그 책들을 읽고 그들의 생각을 잘 정리하고 있었다면, 그의 생각을 비판함으로써 그에게 도움을 줄 수 있었을 뿐 아니라, 내 사유도 확장할 수 있었을 것이다. 그래서 공부해야 한다.

어떤 이론들을 소개하고 거기에 예상할 수 있는 그저 그런 논평을 덧붙이는 것이 바로 C급이라는 증거다.

'은유적'이라는 것에 대조되는 대립적인 말은 무엇인가? 글자적, 일상적, 과학적, 철학적, 논증적, 인지적, 객관적, 중심적, 남성적, 비모형적, 소여적, 정신적, 환원적 등이다. 중요한 것은 이러한 대립 개념에 따라 은유에 대한 논의 맥락이 달라지는 것이라고 생각한다.

예전에는 "은유는 인지적이다"라는 주장을 당연하게 생각하고 그것을 입증하고자 했다. 그런데 지금은 이 주장에 대해 부정적이다.

한동안 예술과 문학에 인식적 가치를 부여하려 노력한 적이 있었는데, 따라서 은유는 인지적이라고 주장해야 했는데, 지금은 이 주장에 대해 부정적이다. 왜 이렇게 입장이 변했는가? 그동안 무슨 일이 있었던 것인가? 예술과 문학에 대한 관심으로부터 멀어져버린 것인가? 그것이 사라진 빈 공간에 채워졌던 내 관심은 도대체 어떤 것인가?

어떤 놈이 버스 좌석 두 자리를 차지하고 '돈 많이 버는 법'이라는 제목이 달린 책을 본다. 나는 생각한다. 돈 많이 벌기 전에 네 인성부터 갖춰야 하지 않겠는가?

 가급적 넓게 자리를 차지하면서 다리를 벌리고 있는 놈들을 정말 자주 만난다. 실은 그를 죽여버리고 싶다. 벌린 네 다리가 내 다리에 닿아 있는 것이 마치 벌레가 내 몸에 붙어 있는 것 같다. 옆 사람을 배려한다면 다리를 오므리고 앉아야만 한다. 이런 놈들이 너무 많아져 간다. 나이 먹은 중년 아저씨들부터 젊은 여성들까지 이런 짓을 한다. 그들은 자신이 하는 짓이 어떤 짓인지 전혀 모르는 것인가? 자신의 행위가 타인에게 어떤 피해를 주는지 모르는 것인가? 아니면 알고도 그렇게 하는 것인가? 점점 그들이 알고도 그렇게 하는 것이라는 생각이 든다.

 문학적 상상력의 힘은 한 번도 만난 적 없는 타인에 대한 공감을 가능케 하며 그것을 권유한다. '돈 많이 버는 법'을 읽으며 다리를 벌려 두 좌석을 차지하고 있는 그는 아마도 거의 문학책을 읽지 않을 것이다. 그것은 돈 많이 버는 법과 철저하게 무관하기 때문이다.

 과연 무지는 죄라고 해야 하지 않겠는가? 그것은 지식의 문제, 아는 것의 문제가 아니라, 감수성의 문제다.

"인간의 연대성은 탐구가 아니라, 상상력, 낯선 사람들을 고통 받는 동료로 볼 수 있게 하는 상상력에 의해 성취되어야 할 어떤 것이다. 연대성은 반성에 의해 발견되는 것이 아니라, 창조되는 것이다. 그것은 다른 낯선 사람들이 겪는 고통과 굴욕의 특정한 세부 내용들에 대한 우리 감수성을 증대시킴으로써 창조된다. 그렇듯 증대된 감수성은 가령 '그들이 우리와 같이 느끼지 않는다'라든가, '고통이란 언제나 있기 마련인데, 그들이 고통 받는 것을 내버려두지 않겠다는 것인가?'라고 생각하여 우리와 다른 사람을 국외자로 치부하는 그런 일을 어렵게 한다." (로티, 『우연성, 아니러니, 연대성』)

어떤 의미에서 많은 돈을 벌기 위해서는 우리 인간으로서의 기본적 인성과 태도를 부정해야 하지 않는가? 타인을 배려하면서 어떻게 많은 돈을 벌 수 있는가? 어떤 책이 말한다. 타인을 부자 되게 만들려는 생각을 갖고 사업을 했던 이가 매우 부자가 되었다. 그런데 이것이 과연 가능한가?

내가 돈을 벌어 인간답게 사는 것을 꿈꾼다면, 그러한 권리는 나뿐만 아니라 타인도 가지고 있다.

때로는 손해를 보거나 불편함도 참아야 한다. 그러나 도대체 무엇을 위해서 그렇게 해야 하는가? 신용을 갖춘다는 것은 돈을 버는 한 방책일 수 있지만, 그 자체 인간으로서 정당한 가치를 유지하는 일이기도 하다. 비록 현실적 불편함이 있다 해도, 또 그 누구도 인정하지 않는다 할지라도, 그것이 인간적 품격을 유지하는 길이다. 그것은 어쩌면 자기의 자존심을 지키는 방법이기도 하다. 그러나 지하철이나 버스에 인간의 탈을 쓴 괴물들이 너무나 많이 존재한다. 이 괴물들은 문학책은 물론이고 철학책조차 읽지 않을 것이다.

철학에 어떤 유용성, 혹은 가치가 있다면, 그것은 타인을 배려해야 하는 이유를 논증으로 보여줌으로써 드러날 수 있다. 이런 의미에서 나는 로티의 견해에 동의하지 않는다. 이것이 그동안 나에게 일어난 일이다.

18
연상적 사유

 이것이 그 철학자에 대한 올바른 해석이다. 나는 이런 주장이 그렇게 대단한 의미가 있다고 생각하지 않는다. 오히려 내게 중요한 것은 그로부터 비롯되었다고 간주되는 그 생각 내용에 설득력이 있는지, 아닌지 하는 것이다. 어떤 발생적 맥락에서 그런 생각을 갖게 되었든, 그 발생적 맥락 때문에 그런 생각이 그의 생각이라는 주장은 내게 별로 중요하지 않다. 아마 문학작품의 해석 문제가 이와 유사할 것이다.

내가 아는, 그러나 이제는 얼굴조차 기억나지 않는, 말 그대로 동네 후배였던 그의 책을 본다. 그런데 그냥 다양한 문학이론에 대한 요약이다. 이런 종류의 책은 정보를 제공해주는, 따라서 교과서로써는 도움을 주지만, 그렇기 때문에 피상적이다. 요약된 이론들에 대한 저자의 목소리를 듣고 싶은데, 그런 부분은 별로 없다.

비트겐슈타인이 말한다. 자기 책은 교과서가 아니다. 따라서 자기 책에 담긴 생각을 이미 해 본 사람만이 자기 책을 이해할 것이라고 말한다. 그가 무척 건방지다고 생각하는 동시에 솔직하다고도 생각한다.

어떤 의미에서 철학을, 혹은 철학하기를 가르쳐준다는 생각은 틀린 생각이다. 나는 그냥 내 방식대로 철학하는 것이니, 당신들도 알아서 선택하여 철학하라.

올바른 단 하나의 의미를 이해하려 드는 해석의 문제는 틀렸다. 그런 의미가 있다는 생각조차 근거 없는 것이다. 게다가 그 의미도 작가의 의도는 아니다. 수용 미학 혹은 독자 반응 비평이 있다. 이제는 독자가 상상력이나 공감을 발휘해서 작품을 완성해 나간다.

예전에 그가 나에게 스피박G. C. Spivak을 아는가 물은 적이 있다. 없다. 들어본 적도 없다. 주위에서 그녀에 대한 이야기를 들려준 적도 없다. 그런데 마침내 그녀가 그렇게 유명한 학자인지 알게 되었다. 동시에 그녀의 책이 많이 번역돼 있다는 것도 알게 되었다. '탈식민주의' 이야기를 들었을 때 알았어야 하는데, 그것은 내 관심사가 아니었다. 이런 무지가 내가 전공하는 철학에 대한 흠은 아니다. 그러나 지성적으로는 게으름의 결과일 것이다. 내가 늘 하는 말, 역시 철학하는 나는 무식하다.

그녀의 책 역자 서문에 "인도 출신인 그녀의 글쓰기는 명료하지 않다"는 말이 나온다. 묘하게 "인도 출신"이라는 말이 걸린다. 버틀러Judith Butler의 글에 대한 악명도 대단하지만, 그녀는 인도 출신이 아니다. 버틀러는 미국 출신이다. 따라서 글쓰기가 명료하지 않은 것은 출신지와 상관없다. 가령 한국 출신 철학자 김재권의 글쓰기는 아주 명료하다.

그것은 스타일의 문제인가, 아니면 훈련의 문제인가? 아니면 자신이 하는 학문적, 혹은 철학적 경향, 분위기의 문제인가? 나는 안갯속을 헤매는 것 같은 몽롱한 글쓰기가 싫다. 분명히 말하라. 잘 모르는 경우, 혹은 자신의 생각이 어떤 것인지 스스로 분명하지 않은 경우, 괜스레 몽롱하게 비유적으로 암시적으로 말한다. 옛날에는 이런 몽롱한 글에 대단한 의의를 부여했지만, 이제는 그냥 거의 쓰레기라고 생각한다.

비트겐슈타인이 『문화와 가치』에서 다음과 같이 말한다. "철학은 본래 오직 시로 지어져야 하리라." 그런데 이것은 다음처럼 번역할 수도 있다. "오직 시를 쓰는 것과 마찬가지로 그렇게 철학을 써야 한다." 두 문장의 차이가 있는가?

비트겐슈타인이 쓴 시를 읽어 보면서 그래도 일기책에 가까운 그의 철학책이 시보다는 낫다고 생각한다. 그러나 이런 생각은 취향일 것이다. 김춘수가 그렇게 감명 받았던 릴케의 시를 나이 들어 읽어보니 너무나 유치했다. "그리움이 너에게 어떻게 왔던가? 말하렴. 그리움이 커다랗게 날개를 접고 내 꽃피어 있는 영혼에 걸렸습니다." 존댓말로 번역해서 그런지, 더 사춘기 청소년의 느낌 같다.

시는 시의 가치가 있을 것이고, 철학적 논증은 그것의 가치가 있을 것이다. 시인 고은에 대한 고발 내용처럼, 분석철학자 맥긴과 써얼의 경우에도 그런 일이 있었단다. 누군가 그런 이야기를 해준다. 찾아보니 맥긴이 그랬던 것은 이미 한참 전이다. 그런데 나는 왜 이런 이야기를 모르고 있는가?

이 분석철학자들은 왜 이런 짓을 했단 말인가? 분석철학을 하는 자들이기 때문에 그런 것인가? 분석철학자들은 윤리적이며 실존적 반성이 부족한 철학자들인가? 한동안 분석철학에 대한 이러한 비판이 유행했던 적이 있다. 그러나

연상적 사유

존재의 깊은 의미를 성찰하던 하이데거는 나치를 지지하고 그것에 협력하지 않았던가? 아마도 이런 것들은 철학적 경향과는 상관없는 인간성의 문제일 것이다. 그들은 철학을 잘하는지는 몰라도 인간적으로는 형편없는 자들이다.

누군가 나에게 선물로 준 써얼의 책 두 권, 그는 얼굴도 모르는 나에게 친절한 안부 인사를 전해주었는데, 그의 책을 쓰레기통에 버릴 수는 없는 일이다. 특히 나는 써얼의 책, 『정신, 언어, 사회』를 좋아한다.

그는 '회상으로서 미'에 대해 다음과 같이 말한다.

벤야민은 기억을 중요시한다. 기억으로부터 내면화된 현존의 모든 힘이 생긴다. 기억은 미의 정수이다. 기억이 없다면, 미는 허황된 것이 된다.

그래서 벤야민은 플라톤을 소환한다. 플라톤이 말한다. 기억이 미의 이념으로 올라가 미의 분별 옆에 서 있다. 우리는 아름다운 형상에 직면해 있었던 순간을 기억한다. 미의 경험은 있었던 것의 반복, 재인식이다.

이런 미의 경험은 다른 시간성에 의해 지배되는 소비로부터 벗어난다. 소비되는 것은 새로운 것이지 있었던 것이 아니다. 재인식은 소비에 해를 끼칠 것이다. 기억과 지속성은 소비와 합치하지 않는다. 소비는 분산된 시간을 먹고 산다. 소비는 자신을 극대화하기 위해 지속성을 파괴한다.

마르셀 프루스트에게 마들렌의 맛이 제공해 준 지속성의 경험은 결정적이다. 그것이 기억의 일어남이고 확장이다. 그 결과 프루스트는, 자신이 더 이상 평범하고 우연에 지배되는 유한한 존재가 아니라고 느낀다.

이야기한다는 것은 지속성을 만들어내는 시간적 실천이다. 이런 시간은 영화의 시간과 다르다. 지속성의 시간은 행복을 준다. 그것은 과거와 현재의 융합이다.

사물의 직접적 현존과 현재성은 아름답지 않다. 미에 본질적인 것은 긴 시간에 걸쳐 일어나는 통신이다. 우리의 삶은 하나의 관계망이다. 미는 이런 관계망에서 발생한다.

미는 이야기한다. 미는 진리와 마찬가지로 내러티브가 있는 사건이다. 사물의 인터넷에는 내러티브가 없다. 정보 교환으로서의 소통은 아무것도 이야기하지 않는다. 그저 계산할 뿐이다. 그러나 내러티브가 있는 결합은 아름답다.

  은유는 내러티브가 있는 관계다. 은유는 사물과 사건을 서로 대화하게 한다. 세계를 은유화 하는 것, 다시 말해 시화詩化하는 것이 작가들의 과제다. 작가는 사물과 사건 사이에 숨어 있는 연결 지점을 발견해낸다. 미는 관계의 사건이다.

  미는 회상으로서 나타난다. 미는 망설이는 자이며 늦둥이다. 미는 나중에 나타나는 고유한 빛이다. 이런 신중함 덕분에 미는 품위를 지닌다. 즉각적 자극과 흥분은 미로 접근하는 길을 막는다. 우회로를 거쳐서야 비로소 미는 드러난다. 미는 오랫동안 천천히 걷는다.

  미는 재회로서, 재인식으로서 일어난다. 니체는 "미의 느릿느릿한 화살"이라고 말한다.

  아마도 이런 것일 것이리라. 그는 벤야민의 글을 읽는다. 거기에 다음과 같은 내용에 대한 플라톤 인용이 있다. 피안의 많은 것을 본 사람이 미를 모방한 신적 얼굴이나 형상을 보면, 그것의 본질을 인식하고 신처럼 숭배할 것이다. 왜냐하면 기억이 미의 이념으로 올라가 미가 분별 옆의 성스러운 땅 위에 서 있는 것을 보기 때문이다. 따라서 미의 경험에서는 신적인 것, 또는 기억이라는 것이 핵심적이다.

이러한 기억은 소비와 상극이다. 소비는 예전의 어떤 것을 소환하는 것이 아니다. 이런 생각은 아마도 '되새김'이나 '상기' 등을 강조하는 철학적 사유에서 쉽게 찾아볼 수 있다. 동시에 '망각'하기를 강조하는 니체적 사유나 장자적 사유와 대비된다.

그는 또 '기억'으로부터 프루스트를 상기, 연상한다. 프루스트는 작은 물건 하나로부터 그의 모든 기억을 소환한다. 예술은, 혹은 미는 모든 것의 연결, 연쇄, 관계망을 보여준다. 모든 것이 기억을 통해, 시간을 통해 천천히 연결된다. 따라서 이것은 영화적 시간과는 어울리지 않는다.

이제 미는 다음과 같은 것이 된다. 그것은 기억, 회상되는 것이다. 미는 천천히 모든 것의 연결을 보여주고 이야기한다. 그것은 은유이다. 은유적 이야기를 통한 사물들 사이의 숨은 연결들의 발견이 곧 미다. 이런 미에는 품위가 있다.

그러나 이 모든 이야기가 맞는 말인가? 어쩌면 그럴 수도 있다. 니체가 말한다. "미는 느릿느릿한 화살"이다. 니체에 의하면 "가장 고상한 종류의 미"는 "우리가 거의 의식하지 못한 채 가지고 다니다가 언젠가 꿈속에서 다시 만나게 되는 그런 아름다움이다." 그런데 미는 정말 회상이나 기억을 통해서만 만날 수 있는 것인가? 그렇게 주장하는 논거는 분명한가? 아마도 이것이 '논증적 사유'와 '내러티브적 사유', 혹은 '연상적 사유'의 차이일 것이다.

도덕적 혹은 인간적

모든 것이 시들하다. 이것이 의미하는 바는 어딘가 매듭이 꼬였다는 이야기다. 끝내야 하는 작업 하나가 생각보다 잘 끝나질 않는다. 이것이 꼬인 매듭의 하나다.

비록 그 내용 모두에 수긍하기는 어렵겠지만, 이미 나와 있는 괜찮은 소개서가 있다면 구태여 같은 이야기를 반복할 필요는 없다. 그런데 소개서에 있는 내용과 다른 이야기를 쓰게 되면 소개서의 기능으로부터 멀어지는 것인가?

그 이야기를 듣지 않으면 상관없는데 듣게 되면 마음이 좋지 않게 된다. 멍청한 것들이 하는 짓은 나에게 피해를 주지 않는다. 따라서 내가 그들에게 흥분할 필요는 전혀 없다. 그런데도 그렇게 잘 되지 않는다. 나에게 피해를 주지 않는 것, 어떤 의미에서는 내 일도 아닌데, 왜 내가 흥분하고 분노하는가?

철학을 한다는 것, 학문을 한다는 것, 도대체 이것이 의미하는 바가 무엇인가? 자기를 속이지 않으면서 도덕적으로 되려 노력하는 일이 그렇게 어려운 것인가?

내가 싫어하는 인간들이 있다. 그런데 그들에게서 비트겐슈타인을 분노하게 만들었던 공통성, 혹은 어떤 본질이 발견된다. 칸트가 말하듯 인간을 단지 수단만이 아닌 목적으로 대우해야 한다.

말콤이 비트겐슈타인에 대해 다음과 같은 이야기를 전

해준다.

"두드러지게 관대하거나 친절하거나 혹은 정직한 사람을 칭할 때, 비트겐슈타인이 쓰는 특정한 말은 '그 사람은 인간이야'였다. 따라서 대부분의 사람은 인간조차 못 된다는 의미가 된다."

아이가 초등학생일 때, 가훈家訓을 적어 오라는 숙제가 있었다. 인간을 단지 수단이 아니라 목적으로 대우하라는 칸트의 정언명령을 우리 집 가훈으로 정했다. 그런데 우리 아들이 이것을 아주 신기하게 생각했다. 그러나 그 가훈을 창피해 하지 않는 것이 어디인가?

가까울수록 예의를 차려야 한다. 그러지 않으면 가까울 이유가 전혀 없다. 인간을 목적으로 대우하라. 중요한 것은 칸트 윤리학이나 공자 윤리학에 대해 떠드는 것이 아니다. 실제로 인간을 목적으로 대우하는 것이 중요하다. 또는 네가 하기 싫은 것을 다른 사람에게 실제로 요구하지 않는 것이 중요하다.

가라타니 고진의 주장들을 나는 별로 좋아하지 않지만, 그럼에도 『윤리 21』에서 그가 전개한 주장에 대해서는 거의 찬동한다.

　윤리란 무엇인가? 책임이란 무엇인가? 이 문제에 관해 고진은 칸트의 생각을 빌려 자신의 생각을 전개하고 있다. 그는 사회와 공동체를 구분한다. 고진에게 공동체라는 것은 자기들끼리 이루어지는 편협하고 폐쇄된 공간이다. 고진에 의하면, 칸트는 윤리를 이런 공동체로 환원시키지 않는다. 마찬가지로 칸트는 윤리를 개인적 행복으로 환원시키지도 않는다. 칸트에 의하면 윤리의 핵심은 바로 자유다.

　자유는 자발적이며 자율적이다. 따라서 공동체의 규범에 따르는 것은 자율적인 것이 아니다. 그것은 타율적이다. 공리주의도 욕망이나 욕구에 따르는 행위이기에 자발적인 것이 되지 못한다.

　우리는 스스로 자발적인 존재가 되어야 한다. 이것이 실천적 명령이다. 이는 동시에 타인도 자발적 존재로 취급해야만 한다는 것을 의미한다.

　고진은 다음과 같이 말한다. "실제로는 자유로운 주체는 없다. 구조주의자들이 말하는 것처럼 주체는 항상 상상적인 존재에 지나지 않는다. 그것은 구조적으로 강요된 것이다. 그럼에도 불구하고 자유로운 주체는 있다. 그것은 윤리적 차원에서, 타자에 대한 응답으로서만 나타난다."

이런 표현은 분명치 못하다. "자유로운 주체가 없다. 동시에 자유로운 주체는 있다." 이렇게 표현하면 바로 모순이다. 현실적으로는, 사실적으로 자유로운 주체가 없지만, 당위적으로는, 실천적으로 자유로운 주체가 되어야 한다고 고쳐 써야 한다. 이런 의미에서 윤리는 실천의 문제이다. 나는 언제 자유가 되는가? 나는 스스로 행동함으로써 내가 자유임을 입증할 수 있다. 그래서 "나는 자유다"보다는 오히려 "나는 자유하다"라고 표현하는 편이 더 올바를 것이다.

자기 능력의 한계를 인정하면서 그 한계 속에서 자기 목소리를 내는 것, 개인들의 다양한 목소리는 그럼으로써 있게 된다. 분명 한 사람이 모든 것을 다 할 수는 없다. 부정하고 싶어도 자기의 한계를 인정한다는 것이 중요하다. 나아가 그 한계에 대한 수용이 자기 행동으로 나타나야 한다.

꼬마 하나가 "오늘 공부하지 않았다"라는 메모를 남기면, 걱정이 되기도 하고 안심이 되기도 한다. 나도 공부하지 않았기에 물귀신처럼 안심이 되고, 동시에 무슨 일이 생겼나 걱정이 되기도 한다.

공부를 한다는 것, 이 사소한 일이 참 어렵다. 특히 어떤 제도 안에서 공부한다는 것은 더욱 어렵다. 그들 또한 참 소박하고 진지한 때가 있었는데, 세월은 왜 그 진지한 소박성을 보존해주지 못하는 것인가?

모든 이에게 다 칭찬 받을 수는 없다. 자신이 손해를 보더라도 올바르다고 여기는 어떤 생각에 따라 행동하면 된다. 내가 사익을 취하지 않았다면, 비난 따위는 별것 아니다. 오히려 비난 자체가 부당해질 것이다.

어떤 의미에서는 텍스트에 있는 모든 것을 이해하는 것이 공부의 전부는 아니다. 이런 저런 이상한 인간들을 만나 분통이 터지는 상황을 자세하게 관찰하는 것도 공부다. 어떤 경우에는 그럼으로써 텍스트의 내용이 더 깊어지게 되기도 한다. 그러나 그 분노 때문에 텍스트가 눈에 들어오지 않게 되는 경우가 많을 것이다.

그럼에도 이미 읽었던 것을 그런 현실에 연관하여 되새김질 하는 것이다. 그 내용이 진짜 어떤 의미를 갖고 있는 것인가? 그것은 진짜 중요한 것일까? 그것이 진짜 나에게 어떤 의의를 주는가? 이런 경우에는 비록 텍스트를 읽지 않았다 할지라도 분명 공부한 것이다. 어떤 의미에서는 이것이 더욱 중요하다.

자기 이야기

    우리의 인문학은 자기 이야기를 하지 않는다. 우리의 인문학은 타인들의 이야기를 마치 자기 이야기인 것처럼 이야기한다. 공허한 자기기만이다. 사실 우리의 인문학은 지성적으로 세련되게 자기 이야기 하는 법을 모른다. 그렇지 않은가? 아니면 나만 그런가?

오히려 자기 이야기를 하면 촌스럽다는 비판을 받을 수도 있다. 어떤 자기 이야기는 학문적 엄밀성이나 객관성을 갖추지 못한 경우가 있다. 우리 이야기를 세련되게 학문적으로 하는 것, 그것이 중요하다.

인문학이 위기라는 말은 무엇을 의미하는가? 그 위기를 탈피하기 위해 대중이나 CEO를 상대로 인문학 강의를 한다는 것이 바람직한 일인가? 나는 바람직하지 않다고 생각한다. 그런데 대중이나 CEO를 대상으로 인문학 강의를 하는 것이 인문학의 위기에 대처하는 유일한 방법처럼 간주된다. 이것이 문제다. 대중이나 CEO를 대상으로 한 인문학 강의는 물론 필요하고 바람직하다. 그러나 이를 인문학의 위기를 대처하는 올바른 방식처럼 생각하는 것은 잘못된 것이다. 모든 인문학 연구가 대중을 상대로 영향력을 행사하고 인기를 얻을 필요는 없다. 그것은 TV에 나와서 떠들기 좋아하는, 그러나 공부는 하기 싫어하는 학자들의 전공이다.

상호 학제적, 혹은 유행어로 '통섭'이 전부인 것처럼 생각한 적이 있었다. 그러나 길게 넓게 크게 바라보라. 모든 곳을 장식했던 이 유행어는 더 이상 등장하지 않는다. 단 10년도 버티지 못하는 인문학적 유행이란 가치가 없다는 것이 제 스스로 증명된 셈이다. 그러나 여전히 윌슨의 개념이 아닌, 다른 의미에서의 '통섭'은 필요하다. 차라리 다양한 학문들의 대화라고 표현해도 좋을 것이다. 이런 대화에서도 중요한 것은 각각의 개별 인문학들이 단단한 기초적 실력을 갖추는 것이다.

어떤 '장대한 인문학 연구'는 내가 보기에 별 쓸모없는 것처럼 보인다. 더 장대한 시간이라는 점에서 그것은 아마도 쓰레기로 간주될 것이다. 스스로도 알면서 그런 것을 기획하는 자들도 문제지만, 자세히 읽어 보지도 않고 그런 것을 선정하는 자들이 더욱 문제다.

헛소리하지 않고 진지하게 우리 삶에 대해 성찰하는 것, 여기에서부터 시작해야 하는 것 아닌가? 지엽적인 것에 눈이 멀어 본래적인 것을 자꾸 망각하고 있다. 그것은 나도 마찬가지다.

인터넷은 내 얼굴을 '내어 걸린 얼굴'로 만든다. 기억이 맞는지 자신 없지만 아마 소설가 조선작의 소설 제목이 '내어 걸린 얼굴'이었을 것이다. 지금은 찾아보기 어렵지만, 과거에는 동네마다 하나 정도는 있었던, 사진관 앞에 '내어 걸린 얼굴' 말이다. 사진관에 내어 걸린 얼굴은 침묵하면서 온화한 미소를 짓고 있다. 그런데 인터넷에 내어 걸린 내 얼굴은 어떤 모양인가?

한 학교의 수업 내용을 질적으로 높일 수 있는 방법은 무엇인가? 아마도 많은 독서량을 강요하고, 그것을 적확하게 읽고 논평할 수 있는 능력을 키우는 일일 것이다. 그럼으로써 스스로 걷게 만드는 일일 것이다. 이런 방식이 싫으면 수업을 듣지 않으면 된다. 적어도 이런 의미에서 강제로 듣는 강의는 사라져야 한다고 생각한다.

그러나 철학을 강제로 듣게 하지 않을 경우, 학생들이 과연 얼마나 스스로 철학 강의를 들을 것인가? 어떤 곳에서는 거의 아무도 듣지 않을 것이다. 그러나 다른 어떤 곳에서는 철학에 대한 호기심으로, 혹은 지금까지 몰랐던 지성적 신세계에 대한 흥미로, 자기가 좋아하는 교수의 추천으로 철학 강의를 자발적으로 수강할 것이다. 비록 그 수가 많지는 않다 해도, 이런 진짜들은 분명 있다. 철학 강의들이 폐강되는 것을 걱정하기 보다는 어떻게 강의의 수준을 높일 것인지를 고심해야 한다.

왜 철학을 선택했는가? 밥벌이 때문이 아님은 분명하다. 그럼에도 자꾸 망각한다.

한 공동체, 그것이 학문 공동체인 경우, 참여를 독려하는 것이 의미가 있는가? 아마도 자발적으로 참여해야 할 것이다. 그러나 그 자발성이 상실되는 경우, 그런 공동체는 더 이상 존재할 이유가 없다.

다시 한번 기회를 만들 것인가? 이제 너무 지친 것은 아닌가? 나이를 먹으면서 사라져버리는 순수성, 그것을 고집하는 것이 바로 철없는 인간이 하는 짓이다. 그런가? 나는 아니라고 생각하는데, 주변에서는 그렇다고 한다.

어떤 꼬마들이 아직 꼬마임에도 불구하고 어른 흉내를 낸다. 내가 꼬마였을 때 그런 이야기를 들었으면 화를 냈겠지만, 그럼에도 너희들은 아직 꼬마다. 철학은 대충 겉멋으로 하는 것이 아니다. 처음으로 돌아가서 공부하라. 처음부터 기초부터 하는 것이다. 철학적 실력이 어느 수준에 올랐다고 생각했을 때, 다시 기초부터 정리해보는 것이다.

말과 행동이 다른 것, 나도 거기에서 자유롭지 않지만 인간이라면 그것을 일치시키려 노력해야 하지 않는가? 게다가 철학을 공부한다고 개폼을 잡는 존재들이라면 더욱 그렇다.

생활이 딱딱 끊어진다. 고양이 한 마리가 마당에 네 마리 새끼를 낳았다. 그는 누구의 고양이인가? 그는 자유인 고양이다. 동시에 그는 떠돌이 고양이다. 네 마리 새끼들의 운

명도 아마 그대로 대물림될 것이다. 나는 그 고양이들이 슬며시 우리 마당에 들어와 한 가족을 형성한 것을 즐거운 눈으로 바라보고 있지만, 가족들은 질색이다.

인간이 저 고양이보다 나은 것이 있다면 그것은 무엇인가? 나는 고양이에게서 어떤 영상을 읽고 있지만, 가족은 고양이들이 어떤 병균을 옮기지 않을까 걱정한다. 그러나 아마 며칠 지나면 그들은 뿔뿔이 흩어져 제 갈 길로 갈 것이다. 그때까지 관대하고 따스한 눈으로 맞아주면 된다.

새끼 고양이 중 한 마리는 제일 작다. 아마 형제들 사이에서 이리저리 치이는 것 같다. 자신은 남들에게 치인다고 느끼지만, 남들은 그가 남들을 치이게 한다고 느낄 수도 있다. 이렇게 철학해야 한다.

'꼴통' 하나가 있으면 대물림을 저지할 수도 있겠지만, 어떤 의미에서는 인간의 삶도 고양이의 그것과 별로 다를 바가 없다. 관대하고 따스한 눈으로 그것을 바라보기에 이곳은 너무나 혐오스러운 곳이다.

답장 하나를 그냥 미룬다. 그러고 나서 가급적 생각을 안 하려고 하지만, 그냥 정신이 혼미하다. 공부를 하고 싶어하는 자들의 욕구를 충족시켜 주지 못한다는 것은 제도적 비극이다. 그것이 경제적 문제였다면 새삼 거론할 필요도 없을 것이다. 도대체 무엇이 잘못된 것이란 말인가?

 어떤 놈은 놀다가 심심하면 공부한다. 아마도 그는 천재일지 모른다. 그러나 천재가 아닌 자들은 매일 공부하다가 심심할 때 놀아야 한다.

 어떤 통찰력 같은 것이 정말 있다면 그것은, 공부하다, 놀다, 공부하는 과정의 반복 속에서 나타날 것이다. 놀기만 하면 상상력도 없어진다. 자기가 살피고자 하는 어떤 주제와 별다른 관련이 없는 다른 분야의 책을 보는 것이 넓은 의미에서 노는 것이다. 이런 경우에는 막연한 상상력은 생겨나지만 구체적 상상력은 생겨나질 않는다. 따라서 그 주제에 해당되는 책을 암기할 정도로 보아야 한다. 적어도 그래야 명청해지지 않는다.

 내가 만약 다시 철학 공부를 시작한다면 무엇을 공부할 것인가? '우리 철학'을 할 것이다. 그런데 우리 철학이란 것이 무엇인가? 그런 것이 있는가? 적어도 그런 철학이 존재한다면 이미 익숙한 이분법, 동양철학과 서양철학이란 이분법을 벗어난 것이리라.

동양철학에 우호적이지 않은 관점을 가진 사람은 이러한 이분법을 정착시키는 것이 바로 한문에 대한 과도한 강조라고 주장할 것이다. 텍스트를 읽기 위해서는 한문이나 한자를 알아야 한다. 그것은 당연하다. 그러나 그것만을 하고 그것으로 표현된 생각을 논증적으로 검토하지 않는다면, 단지 문자만을 강조하는 것이 된다. 다른 하나는 거기에 있는 세계관을 고집하려는 태도이다. 단지 거기에 있는 세계관만을 옹호하려면 철학이 무슨 필요가 있는가? 그것은 일종의 종교일 뿐이다.

우리 철학을 하는 경우 그것을 가르쳐 줄, 혹은 함께 공부할 수 있는 전문가가 있는가? 그런데 이것이 장애물이 되는가? 여러 분야의 전공자들을 통해 자양분을 얻으면 되지 않는가? 물론 그러기 위해서는 남보다 더 많은 것을 읽고 생각해야 하겠다. 한국철학 텍스트도 읽어야 하고, 중국철학 텍스트도 읽어야 하고, 다양한 철학적 사조가 섞여 있는 서양철학 텍스트도 읽어야 한다. 혹시 속 좁은 전공자들이 나를 실력 없는 박쥐로 보지 않을까? 그러면 어떤가? 내가 우리 철학을 하고 있는데.

우리 철학을 세우기 위해 옛날 우리 철학자의 사유와 현대의 것을 그냥 비교하는 짓은 아무짝에도 쓸모없을 것이다. 마찬가지로 동양철학자의 사유와 서양철학자의 사유를 평면적으로 비교하는 것도 그렇게 대단한 가치는 없을 것이다.

가령 모종삼과 칸트의 대립을 다룬다고 해보자. 나는 모종삼이 멍청하다고 생각한다. 따라서 칸트를 비판하는 모종삼의 견해를 재비판할 수 있다. 혹은 나는 모종삼이 왜 그리 칸트를 비판하는지 그 동기를 이해할 수도 있다. 모종삼의 표현처럼 그것은 도덕 형이상학과 과학의 갈등이다. 나는 인식론적 차원에서 과도한 모종삼의 주장에 제한을 가하면서 동시에 모종삼이 강조하는 도덕적 지식을 도덕적 실천에 한정할 수 있다. 그리고 이 점을 옹호하는 논증을 칸트의 『판단력비판』으로부터 구성할 수도 있다. 따라서 모종삼이 주장하는 도덕 형이상학은 우리에게 지식이나 지혜를 주는 것이 아니라 단지 우리가 만들어야 하는 목적론적 세계, 인간적 세계를 위한 실천적 지침 구실을 한다. 여기에 실질적 진리를 부여한다면, 아마도 과학적 세계관에 위배될 것이다.

이러한 작업을 하기 위해서는 무엇이 필요한가? 모종삼의 텍스트를 한문으로 혹은 중국어로 읽어야 한다. 그러기 위해서는 현대 한문을 알아야 할 것이다. 칸트도 알아야 한다. 칸트의 경우는 영어 번역본이 있으니 독일어 공부까지는 필요 없을는지 모른다. 그러나 칸트를 영어로 읽는 것을 낮게 평가하는 경향이 있다. (모종삼의 제자인 이명휘가 이런 지적을 한 적이 있다. 모종삼은 독일어를 모른다. 그는 영어로 칸트를 읽고 번역했다.) 모종삼을 숭배하는 자들의 논문이 많다. 그것들을 주제에 맞게 골라 읽을 수 있다. 마찬가지로 모종삼이 읽어본 적도 없는 철학자들의, 칸트에 대한 2차 논문들도 정말 많을 것이다. 그 2차 논문들을 읽다보면 논증의 능력, 배경적 지식 등 얼마나 요구되는 것이 많을 것인가?

　　이런 게 우리의 철학인가? 아니라고 할 수도 있겠다. 그렇다면 그냥 '철학'이라고 부르면 된다. 철학이 아니라고 해도 상관없다. 그냥 하는 것이다. 제도 안에서 안주하고 있는 것들이 놀고 있을 때, 나는 내가 관심 있는 텍스트들을 읽고 공부하는 것이다.

21
철학적 치료

긴 터널을 지나온 느낌, 혹은 어처구니없는 실험이었다. 그렇게 좋지 않은 추억만을 남긴 것인가? 아마도 그럴 것이다. 역시 공부는 홀로 하는 것임을 느낀다. 아니다. 사실 철학 공동체에서 함께 진지하게 이야기를 나누는 것이 바람직할 것이다. 서로 잘 아는 사람들이 자신을 포장할 필요 없이 진지하게 그 철학적 주제에 대한 자기 생각을 표현하고 비판받음으로써 자신들의 생각을 수정하는 것이다. 그런데 이것이 어렵다.

『케임브리지가 소개하는 비트겐슈타인The Cambridge Companion to Wittgenstein』에 실려 있는 포겔린의 논문은 전에 이미 읽은 것이다. 그런데 다시 읽으니 그저 그렇다는 느낌이다. 내가 발전했다고 말해도 괜찮은 것인가?

비트겐슈타인의 철학이 보여주고 있는 문제 의식은 무엇인가? 철학적 문제들의 해소, 해체다. 철학적 문제에 대한 해소와 해체를 통해 세계와 인간에 대한 태도의 변화를 이끌어내는 것이다. 맞다. 이 점에서 포겔린은 더밋M. Dummett이 반비트겐슈타인주의자라고 지적한다. 더밋은 비트겐슈타인으로부터 보다 체계적인 철학이 가능하다는 것을 주장하는 논문을 썼다.

도대체 무엇 때문에 해체되어야 할 철학적 문제들이 이토록 진지한 관심의 대상이 되었는가? 포겔린이 두 가지 예를 제시한다. 그 하나가 지칭주의, 다른 하나는 논리적 완전주의이다.

나는 이 두 가지 중 후자가 더 강력한 것이라고 생각한다. 경험독립적인a priori, 혹은 선험적인 논리적 이상, 바로 그것 때문에 우리는 걷지 못한다.

(‘a priori’를 예전에는 ‘선천적’으로 번역했지만 오늘날에는 ‘선험적’으로 번역한다. 그런데 이는 ‘transcendental’의 번역어로 예전에 사용했던 것이다. 오늘날 이것은 ‘초월적’, 혹은 ‘초월론적’이라고 번역된다. ‘초월적’이라는 번역어는 과거에 ‘transcendent’에 대한 것이었다. 요사이는 이것을 ‘초재적’ 혹은 ‘초절적’이라고 번역한다. 한동안 나는 ‘a priori’를 ‘경험독립적’이라고 번역했고, ‘transcendental’을 ‘경험근거적’이라고 옮겨 사용했다. 그렇지만 번역어라는 것은 유행처럼 다수의 사람이 쓰면 그것을 따라가는 것도 괜찮다. 그런데 새로운 칸트 전집의 번역판이 ‘a priori’를 ‘아프리오리’로, ‘transcendental’을 ‘선험적’으로 번역한다. 이제 나는 그 중 어떤 사용법을 따라야 할 것인지, 아니면 내가 번역한 용어를 쓸 것인지 실존적 선택의 기로에 놓여 있다. 그러나 어떤 용어를 사용할 것인지 결정하는 일은 기껏해야 자의적인 판단에 지나지 않을 것이다.)

논리적 완전주의를 포기한다는 것이 논리적 규칙을 포기한다는 것은 아니다. 가령 비트겐슈타인은 모순율을 포기했다. 설혹 비트겐슈타인이 실제로 그랬다 해도, 그것이 정당화될 수는 없다고 나는 생각한다. p이면서 동시에 p가 아니다. 아마도 미친 사람이나 그렇게 주장할 것이다.

그럼에도 모순을 수용하면서 어떤 아주 중요한 진리를 모순으로밖에 표현할 수 없다는 생각이 있다. 나는 비트겐슈타인의 표현을 따라 이들이 철학적으로 질병을 앓고 있다고 생각한다.

논문집『비트겐슈타인과 콰인Wittgenstein and Quine』의 첫머리에 실린 해커P. M. S. Hacker의 글을 본다. 비트겐슈타인과 콰인W. V. O. Quine은 서로 멀리 있고, 서로 다르지만, 그럼에도 불구하고 하나의 커플, 즉 '이상한 커플'이다. 그런데 나는 이들을 너무 적대적인 관계로서 바라봐 오지 않았는가?

마치 모범생처럼 비트겐슈타인에만 초점을 맞춰 두터운 저술을 남기는 것, 이런 작업이 바로 해커가 우리에게 보여준 것이다. 참으로 대단한 일이라고 생각한다. (그러나 비트겐슈타인의 저술 작업이 어느 정도 마무리되면서 해커는 다른 주제, 신경과학에 관한 철학에 대해서도 두꺼운 저술을 남기고 있다.)

역시 내가 해야 할 일은 따로 있었다. 약간 쉬었다 다시 내 길을 가리라 작정해 본다. 다시 생각해 본다. 과연 무엇을 할 것인가?

가령 비트겐슈타인에 대한 학술 서적이 아니라, 대중 서적을 쓴다는 것이 어떤 의미가 있겠는가? 이미 우리가 참고

할 만한 책들이 있지 않은가? 그런 상황에 비슷비슷한 것을 한 권 덧붙인다는 것이 어떤 의미가 있는가? '나도 썼다'는 자기 확인 외에 다른 것이 있는가?

이런 의미에서 비트겐슈타인의 철학을 평면적으로 소개하는 책은 이미 그런 책들이 있는 상황에서 별 의의가 없다. 비트겐슈타인 자신은 그런 것을 철학함의 본성으로 간주하지 않는다. 비트겐슈타인은 말한다. 내 책은 교과서가 아니다.

내가 바라본 비트겐슈타인 철학에 대한 인상기는 의미가 있는가? 그저 주관적 인상기에 지나지 않을 것이다. 내 인상기를 논증을 통해 옹호하고, 그것에 대립되는 견해를 차분하게 반박하는 작업이 필요할 것이다. 그렇지만 이런 경우, 철학을 전문적으로 공부하지 않은 일반인들에게는 그리 도움이 되지 않을 것이다. 나아가 비트겐슈타인이 속해 있는 철학 분야에 전문적 관심이 없는 사람에게도 그렇게 도움이 되지는 않을 것이다.

비트겐슈타인 철학을 이해하면서 동시에 그 속에서 자기 목소리를 갖도록 하는 것, 그것이 과연 가능한가? 오히려 비트겐슈타인을 흉내 내는 섣부른 짝퉁들만 생겨나게 되는 건 아닐까?

콰인에 대한 몇 가지 국내 책들을 보면서 생각한다. 책의 디자인과 편집 스타일을 보면, 책 같이 나온 책은 딱 한 권뿐이다. 어떤 책은 지금은 사용하지도 않는 한글 프로그램으로 그냥 출력해 놓은 것처럼 보일 정도다. 이 책은 1994년에 나온 것인데, 꽤 많은 시간이 흘렀는데도 여전히 서점에서 구할 수 있다. 도대체 몇 부나 찍었고, 몇 부나 팔렸을까? 누가 그것을 읽는 걸까?

콰인, 혹은 그와 유사한 철학자 들의 글을 힘들여 번역해 놓은다 한들, 그 글들을 누가 읽어줄까? 비록 조잡한 편집이라도 이런 종류의 책을 출간하려는 출판사의 의지는 대단하다. 그러나 요사이에는 출판사의 그런 의지를 발견하기가 더욱 어려워졌다. 도대체 누구의 탓인가? 현실이 이런데 인문학 강의에는 많은 사람들이 모여든다고 한다.

콰인의 저술이나 그에 대한 저술 들을 어느 정도나마도 읽을 수 있는 풍토조차 마련해 놓지 못했다는 것은 분명하다. 그에 대한 책임은 분명 어느 정도 철학 전공자들이 짊어져야 한다.

전문적 철학과 비전문적 철학, 학술적 철학과 통속적folk 철학, 학술적 철학과 일상적 철학과의 연결고리를 만들려는 노력이 부족했다는 건 분명한 사실이다. 그 연결고리를 담당할 수 있는 하나의 수단이 인터넷에 내걸린 얼굴인 '블로그'일 수 있겠다. 비록 활자화 되어 정식 책으로 출간할 순 없다 해도, 블로그 공간에서라면, 철학이라고 부르기 어려운 너무 통속적 이야기가 아닌, 그렇다고 해서 너무 전문적이라 어려운 학술적 철학도 아닌, 그 중간에 해당되는 작업들이 가능할 수 있지 않을까?

따라서 어떤 이에게는 인터넷 공간이 혐오와 광기의 공간이겠지만, 또 다른 이들에게는 계몽의 공간일 수 있다.

몸이 아프니 모든 것이 다 시들해진다. 철학 텍스트를 보고 생각하는 일조차 심드렁하다. 『칸트와 분석철학의 기초Kant and the Foundation of Analytic Philosophy』(2001)라는 이 철학 텍스트에 담겨 있는 내용들이 도대체 나하고 무슨 상관이란 말인가? 가령 칸트가 분석철학의 기초에 지대한 혹은 암묵적 영향을 미쳤다는 것이 나와 무슨 상관이란 말인가? 그래서 콰인과 칸트의 대결 구도가 매우 중요하다는 것이 도대체 나와 무슨 상관이란 말인가?

그러나 이렇게 생각하면 세상에 나와 상관있는 것은 아무것도 없게 된다. 오히려 시들해진다는 것은 어떤 강한 동기 부여가 없다는 의미이기도 하다. 혹은 지금 하고 있는 모든 것의 의미가 흔들리고 있다는 증거일 수도 있다. 가령 블로그에 글을 쓰고, 타인들과 희미한 상호 소통을 나누는 것, 이런 것에 무슨 의미가 있단 말인가?

혹은 그 철학 텍스트의 내용이나 문제의식에 대해 실감 나게 공감하지 못하고 있다는 증거일 수도 있다. 가령 내게 는 지칭, 이름과 기술, 비외연적 문맥 등에 관해 린스키Leonard Linsky가 보여주고 있는 -그가 저술한 세 권의 서적들에 나타 나 있는 것과 같은- 강한 문제의식이 없고, 더 나아가 그 문 제를 내 것으로 실감하지 못하고 있다는 증거일 수 있다.

린스키가 보여주고 있는 문제들이 과연 정말로 중요한 가? 그것은 언어철학에서 필수적일 정도로 매우 중요하다. 그런데 그것이 나와 상관있는 것인가? 이런 철학 텍스트에 나타나는 문제 외에 진정으로 중요하기 때문에 내가 몸이 아 프든 말든 그 어떤 회의감도 갖지 않는 그런 철학적 문제들 은 없는가? 나는 여기에서 어떤 이상적인, 우리에게 반드시 필요한 문제들이 어디엔가 존재해야 한다는 헛된 생각을 하 고 있는 것인가? 아니면 철학 공부와 실제적 철학 작업의 균 열을 지적하고 있는 것인가?

치료와 치유의 인문학. 도대체 인문학이 무엇을 치유하 고 치료할 수 있는가? 비트겐슈타인에 의하면 철학자에게는 사람들을 치유할 수 있는 능력이 없다. 철학자 자신이 바로 치유 받아야 할 대상이기 때문이다. 철학자들은 철학적 질병에 걸린 사람들이다. 그 질병의 정체가 무엇인가? 일반성에 대한 갈망 때문에 본질이나 보편자를 상정하는 것이 바로 철학자의 질병이다. 나아가 철학을 과학처럼 설명과 가설의 체계로 무장하려 애쓰는 것도 바로 그 질병의 징후이다. 적어도 이런 의미에서 철학자가 사람들의 정신적, 철학적 질병을 치유하고 치료하기 위해서는 먼저 제 자신의 질병을 돌보아야 한다.

비트겐슈타인이 일생 동안 근심하고 걱정했던 문제는 철학이 무엇을 할 수 있고, 동시에 무엇을 할 수 없는가 하는 것이었다. 철학은, 혹은 인문학은 사람들의 철학적 질병을 치료, 치유할 수 있다는 것이 과연 철학이 할 수 있는 일인가? 이것은 자격 이전에 능력의 문제이다.

'철학실천' '철학상담' '철학치료' '임상철학' 이 모든 개념이 텍스트 속에 있는 철학을 구체적 현실에 적용하기 위해 동원된 개념들이다. 철학이 철학으로 이름값을 하기 위해서는 어떤 구체적인 효과를 우리가 사는 현실에서 보여주어야 하지 않겠는가?

어떤 맥락에서 보자면 철학 텍스트 안에 담겨 있는 철학자의 사유는 우리 현실에 이미 도움을 주고 있다. 가령 누군가 철학 텍스트를 읽고 거기에서 지적 즐거움을 느끼고, 그런 즐거움을 통해 카타르시스를 느낀다면 이미 철학이나 인문학은 그 나름의 구체적 효과를 주고 있는 셈이다. 그런데 불행하게도 대부분의 사람들은 철학이나 인문학 텍스트에서 그 어떤 즐거움도 느끼지 못한다. 여기에 '인문학의 위기'가 자리 잡고 있다.

철학이 단지 텍스트 속에 있는 문제가 아닌, 현실적이고 구체적이며 일상적인 문제들에 대해 관심을 기울여야 한다고 주장하는 것이 '철학실천'이나 '임상철학'의 주장이다. 개인적으로 느끼는 지적 즐거움의 차원이 아니라, 일상생활에서 조우하는 여러 문제들에 대해, 그리고 사회적으로 문제되는 철학적 문제에 대해 구체적으로 분석하고 해명하는 노력이 있어야 한다는 것이다. '철학상담'도 바로 이런 문맥에서 주장된다. 철학자가 철학을 통해 피상담자, 내담자를 상담한다. 그것은 마치 심리상담사가 그가 지닌 경험 및 심리학적 지식을 갖고 피상담자를 상담하는 것과 마찬가지다. 그런데 이런 철학상담이 가능하기 위해서는 심리상담과의 차별성이 마련되어야 한다. 도대체 어떻게 그것을 마련할 수 있는가?

만약 이것이 가능하다면 심리상담사 자격증을 받는 것처럼 철학상담사 자격증도 가능할 수 있을 것이다. 어떤 이는 이런 현상을 두고 철학자가 전문적 기능인으로 전락하는

게 아닌가 하는 우려를 표한다. 이러한 우려는 그러나 '철학'이나 '철학자'의 다양성으로 말미암아 그렇게 대단한 우려는 아니라고 말할 수도 있다. 어떤 철학은 철학상담에 치중하겠지만, 어떤 철학은 여전히 근본적이고 이론적인 문제나 총체적인 문제에 치중할 수도 있다.

철학상담이 단지 개인적 고백 이야기를 경청하고 그에게 주관적 조언을 하는 것이라면 상담료를 받기 어려울 것이다. 철학상담의 고전적 예로 소크라테스를 제시할 수도 있을 텐데 그 경우 물론 소크라테스는 상담료를 받지 않았다. 따라서 상담료를 받을 조건의 하나는 '철학치료'를 통해 구체적 효과가 나타날 수 있음을 입증해야 한다는 것이다. 그런데 이것이 가능한가?

남의 질병을 치유하기 전에 철학은 과연 자신의 질병을 잘 치유할 수 있는가? 그보다는 오히려 '철학교육'부터 잘 하는 것이 선행 과제 아닐까? 마찬가지로 허황된 '인문학의 부흥'보다는 지금의 '인문교육'의 문제점들을 정확하게 지적하고 그것을 극복하는 것이 낫지 않을까? 몇몇 유명한, 대중적인 인문학자 들을 통해 인문학 강연에 사람이 많이 모였다는 이유로 마치 인문학이 살아남을 것처럼 기대하는 자들이 오히려 '인문치료'나 '철학치료'의 대상은 아닌가?

22
미학자

그는 미학자인가? 미학은 철학에서의 미학을 의미할 수도 있지만, 세상에는 과학적, 역사적, 심리학적, 사회학적, 나아가 정책학적 미학도 있다.

소크라테스는 철학자인가? 나는 철학자인가? 어떤 용법에 따르면 소크라테스는 철학자지만, 나는 철학자가 아니다. 소크라테스는 석사 학위는 물론이고, 학사 학위조차 없다. 그냥 시장에서 철학을 실천한 사람이다. 그는 저술이나 논문조차 없다. 그럼에도 그는 철학자다.

철학자를 두 가지 의미로 이해할 수 있다고 생각한다. 하나가 '철학-학자'이다. 또 다른 하나는 '철학-작가'이다. 소크라테스는 철학자지만, 철학-학자는 아니다. 그렇다면 그는 철학-작가인가? 이 철학-작가를 '철학-실천가'라 불러도 괜찮다고 생각한다. 분명한 것은 이 철학-작가가 철학-학자보다 더 많은 통찰력을 우리에게 줄 수 있다는 점이다.

대체로 문학평론가, 혹은 문학비평가들은 많은 저술활동을 하고 있다. 그들은 매우 부지런하고 생산적이다. 반면에 몇몇 소수의 철학자를 제외하면 철학학자나 철학작가는 그처럼 많은 저술활동을 보여주고 있지 않다. 평론서도 저자나 그 주위 사람들을 제외한 다른 사람들은 별로 읽지 않는다는 소문이 있지만, 그럼에도 철학자는 철학-비평가가 되어 철학을 현실로부터 소외되지 않게 만들 수 있는 가능성이 있고, 또 그래야만 한다고 생각한다.

여기에서 '철학-비평가'와 '철학-수필가'를 구분할 수도 있겠다. 철학-수필가로 분류할 수 있지만, 철학이라는 수식어가 필요 없이 그냥 수필 혹은 자기계발서를 쓰는 작가라고 이야기할 수 있는 인간들도 있다.

학자와 비평가 중에서는 누가 우선하는가? 이 질문 자체가 잘못됐다. 학자는 학자의 일이 있고, 비평가는 비평가의 일이 있다. 오히려 우리가 평가해야 할 것은 학자가 학자의 일을 잘 하고 있는지, 비평가는 비평을 잘 하고 있는지 하는 것이다.

그가 미학에 대한 대중적 관심을 불러일으킨 공헌을 인정해야 할 것이다. 대중을 상대로 작업할 때, 너무 전문적이라면 오히려 방해가 될 것이다. 이 두 가지를 동시에 적절하게 잘 할 수 있겠지만, 사실 그것은 말처럼 쉬운 일이 아니다. 논문은 그래도 심사라는 과정을 거치지만, 저술은 그렇지 않다. 그럼에도 미학에 대한 그의 책이 학자나 전문가 들의 책보다 형편없다고 말할 수 있는가? 독창적이지 않다고 비판할 수도 있지만, 사실 전문가의 책이 더 독창성 없는 경우가 많다.

그를 미학자라고 불러야 하는지, 아니면 "방송에 나와 이것저것을 입으로 이야기하는 진보적인 자"라고 불러야 하는지는 중요한 문제가 아니다. 아마도 이런 명칭에 대한 논의 밑에는 그가 했던 것 이상으로 그와 그의 작업이 과대 평가받는 풍토에 대한 비판이 자리 잡고 있을 것이다. 그저 마음 너그럽게 그를 미학자로 인정하는 가운데 (사실 우리 사회에서 '철학자'나 '미학자'라는 것이 뭐 그리 대단한 것도 아니다.) 그의 책이 보여주고 있는 내용을 엄격하게 비판하고 평가하면 된다.

예를 들면, 소개만 하고 있다. 다른 학자들도 다 그렇게 한다고 해서 이것이 정당화되는 것은 아니다. 소개하는 내용도 틀리고 있다. 혹은 일방적으로 소개하고 있다 등을 지적하면 된다.

23
개방성

어떤 글이 다음과 같이 주장한다. 한국 윤리 상황을 망친 것은 바로 공리주의와 물리주의다. 공리주의와 물리주의는 현대 영미철학의 주류적 사유라고 할 수 있다. 결국 드러내놓고 말하고 있지 않지만, 한국 윤리 상황과 관련해서 현대 영미철학의 부정적 영향을 비판하고 있는 것이다.

물리주의에 대한 그의 공박은 '허수아비 논증'이다. 비판하기에 앞서 더 상세하게 읽어보려는 노력을 해야 한다. 정확하게 핵심을 요약해서 대상을 비판해야 한다.

이미 감정적 미움이 앞서면 더 읽어도 새롭게 들어오는 것이 거의 없다. 이 감정적 미움은 자신이 믿는 어떤 철학적 견해의 진실성이나 진리성을 향한 강한 집착에서 나온다. 그렇지만 그것이 진리라는 보증이 어디에 있는가? 그저 자신에게 위안을 준다는 것 외에 무엇이 있는가? 그 이상이 있다면, 논증을 통해 입증해야 한다.

말이 많다는 것은 어떤 경우 그가 그것에 대해 잘 모르고 있음을 보여주는 증거다. 핵심만 이야기하라. 모르면 모른다고 하라. 알고 있다면 그 핵심만 정확하게 이야기하면 된다.

자기 한계에서 벗어나지 않는 것, 그것이 바로 철학의 핵심이다. 그런데 문제는 어디까지가 자기 한계인지 잘 알 수 없다는 것이다.

본래성과 우연성의 도치, 어떤 경우 철학도 거기에서 벗어날 수는 없다. 따라서 우연적인 부산물이 마치 철학의 본래 목적인 것처럼 강하게 주장하는 경향이 힘을 얻을 수 있다. 그러나 깊게 생각한다면 바로 철학적 물음에 직면하게 되리라. 깊이깊이 생각하라. 거기에서 우리는 진짜 어떻게 해야 할지 모르겠는 깊은 문제에 직면한다.

포장을 한다는 것, 그것이 바로 열등감의 은폐다. 가령 철학과가 어느 날 갑자기 문화콘텐츠학과로 변경되었다. 대단한 변신인가? 마치 '문학평론가'가 어느 날 '문화평론가'가 되는 것처럼 대단한 것인가? 아마 '자유전공'이라는 것도 마찬가지일 것이다. 몇 개의 새로운 강의들이 개설된다고 해서 그 본질이 변할 수 있겠는가?

도처에 사기꾼들이 존재한다. 솔직하고 직설적으로 말한다는 것, 관계망이 복잡할수록 그것은 말처럼 쉽지 않다. 그러나 어떤 경우에는 그것이 반드시 필요하지 않겠는가?

스피노자에 대한 글 한 편을 보면서 생각한다. 도대체 실체가 무엇인가? 자립적 존재이다. 존재하기 위해 아무것에도 의존하지 않아야 한다. 따라서 자기 원인적 존재이다. 그런데 그런 것이 있겠나? 차라리 자립적 존재가 아니라고 해도, 여기 이 시간과 공간에 존재하는 구체적 한 개인으로부터 실마리를 풀어가는 것이 낫지 않을까? 그가 양상이라고 부른 이 개체부터 시작해라. 그것이 상식적이다. 그런데 이 상식을 부정하면서 신이라는 실체를 주장하는 그의 가슴 속에는 도대체 어떤 동기가 도사리고 있는 것인가? 신, 왜 그런 것을 진정한 실체라고 주장하는 것인가?

니체의 『안티크리스트』를 보면서 니체가 병들어 있다고 느낀다. 어떤 이는 감동하겠지만, 나는 그가 불쌍해 보인다. 나 또한 기독교 신자는 아니지만, 기독교는 정말 그의 말처럼 그렇게 구질구질한 것인가?

그런데 이러한 문제들을 생각하는 것이 철학이 수행해야 한다고 주창되는 '현실에 대한 봉사'와 어떤 관계가 있는 것인가?

그들은 철학 공부를 하고 싶었는데, 어쩌면 내가 그들을 쫓아버린 것인지 모른다. 매우 분석적으로 접근하고 있는 텍스트가 그들에게 어려움을 주었는지 모르겠다. 그럼에도 불구하고 여전히 몇몇은 아주 탁월한 솜씨를 보여준다. 결국 모두에게 만족할 수 없듯, 모두에게 만족을 줄 수도 없다.

몇몇은 보다 깊고 다양한 내용 들을 원하지만, 동시에 입문적 관심을 막 가지기 시작한 이들은 자기 스스로 생각할 수 있는 여지를 마련해 줄 수 있는 그렇게 어렵지 않은 내용을 원한다. 경제학이나 경영학 전공자, 혹은 이공계 전공자도 있다. 게다가 학년이 아주 어린 꼬맹이들도 있다. 마치 내가 이들을 쫓아내버린 것만 같다. 철학에의 친근성을 더욱 확대할 수 있는 가능성을 막아버린 것 같은 미안한 안타까움도 있다.

밀교 집단처럼 전문적 내용들을 읽고 토론해보는 것, 아니면 약간 헐겁게 지식에 대한 다양한 생각들을 생각해보는 것, 도대체 어떤 것이 지금 더 가치가 있는 것인가? 분명한 것은 나도 모르게 어떤 철학의 영역이나 경향으로 자꾸 고착되는 경향이 있다는 것이다.

나아가 철학과 비철학의 이분법도 나를 제약하는 요소다. 혹시 그러한 이분법의 장벽을 허무는, 지성, 사상, 혹은 교양, 이런 포괄적 이름의 작업이 필요한 것인가? 도대체 이런 것들을 능숙하게 잘 할 수 있는 방법은 없는 것인가?

공부는 못하지만 대단히 교활한 것들과의 이별, 참으로 오랜 시간이 걸렸다. 아쉬운 것은 그래도 내 모든 애정이 물들어 있었던 그 흔적들이다. 그러나 그것이 그렇게 대단한 것은 아니다.

아마도 남아 있는 것들이 새로운 역사를 쓸 것이다. 그러나 분명한 것은 그것이 전통도 없는 싸구려들의 역사에 불과할 것이라는 점이다. 나는 자유롭게 날아간다. 모든 비난과 멸시를 가볍게 떨쳐버리고 감추어진, 그러나 진정한 역사를 쓰기 위해서 멀리 날아간다. 어쩌면 이 공간이 진정한 역사의 흔적, 또는 진정한 비난과 비판이 살아 있는 곳이 될 수도 있을 것이다.

어떤 곳에서는 부담으로 작용하지만, 다른 곳에서는 여전히 환대해주는 곳도 있다. 이제는 진짜 내 두 발로 서야겠다. 동시에 함께 서는 것을 좋아했고 지향했지만, 다시는 그런 짓을 하지 않겠다고 작정해 본다. 나는 이제 내 길을 간다. 매우 난폭하게 공격적으로 내 길을 갈 것이다. 그리고 웅크리고 앉아 무엇이 진정한 것이며, 무엇이 본래적인 것인지 곰곰이 생각하고, 그것을 난폭하게 표현해보려 한다. 감추어진 치졸함과 드러난 치졸함, 어떤 치졸함이 더 품격 있는 것인가?

내 생각을 전개하는 데 있어 먼저 해야 할 일이 쓸데없는 내용들을 갖다 붙이지 않도록 노력하는 것이다. 그것은 화려하고 휘황하지만, 아무것도 없는 빈 공간과 유사하다. 그런데 이런 허무한 화려함을 좋아하는 인간 유형들이 존재하는 것이 분명하다.

그것은 소박한 동기에서 시작하지만 결국 지적 사기가 된다. 사기 치지 않는 하나의 방법을 소크라테스가 이미 가르쳐주었다. 나는 얼마나 모르는가?

내가 『판단력비판』을 읽을 때마다 잘 모르는 구절이 나타난다면 그것은 내 책임일 수도 있지만, 칸트의 책임일 수도 있다. 나는 칸트의 책임이라고 여기면서 책을 읽는다. 그가 좀더 분명하게 써놓았다면 내가 더 명확하게 이해할 수 있었으리라. 나라면 그렇게 쓰겠다.

학자들이 사기 칠 수밖에 없게 만드는 한 상황은 차분하게 공부하지 않는 경우에 생겨난다. 적어도 서양 철학자들이나 사상가들을 훈장처럼 달고 다닌다면 그 훈장이 주는 지성적 책임을 온몸으로 보여주어야 할 것이다. 그것이 먹물들의 의무다. 그것이 싫으면 그 훈장을 포기하면 된다.

차라리 좋은 텍스트를 번역하는 것이 더 낫겠다는 생각이 든다면, 진짜 우리의 얼굴이 창피해진다. 그런데 몇 년 지나면 아무도 보지 않을 쓰레기 같은 논문보다는 오히려 좋은 번역이 더 낫다는 생각이 자주 든다. 이것이 우리의 수준이라면, 감정적으로 반발하기보다는 차분히 그것을 받아들여야 한다. 나중에 우리가 더 발전할 수도 있지 않는가? 아니다. 그것은 우리의 문제가 아니라, 바로 나만의 문제다.

취향

우리는 허영과 자기기만에 빠져 있다. 그런데 내게 이렇게 주장할 수 있는 자격이 있는가? 내가 그것을 판단할 실력을 갖고 있는가? 나는 그것을 판단하려고 얼마만큼 노력하고 있는가? 나는 내 취향을 어느 정도 정당화할 수 있는가? 이런 물음을 자꾸 던지는 것이 허영과 기만으로부터 벗어나는 한 방법일 수 있다. 학문적 질서가 허영과 기만의 질서로부터 벗어나기 위해서는 자기취향을 이성적으로 정당화할 수 있는 많은 존재들이 필요하다. 아마 이때가 되면 번역에 대해서도 그렇게 심각하게 생각할 필요가 없게 될 것이다.

　과학자는 정말 그들의 전문적 작업이 어떤 의미와 가치를 지니게 될 지 관심이 없을까? 가령 『이기적 유전자』만 봐도 과학자들이 반드시 그들의 전문적 작업 안에만 매몰되어 있지는 않다는 것을 알 수 있다. 혹은 하이젠베르크의 글은 그뿐만 아니라 그 당시 그의 주변에 있던 사람들이 단순한 과학자 이상의 존재였음을 보여주고 있다.

　사실 어떤 의미에서 제일 편하고 좋은 것은 그냥 그 작업을 당연한 것처럼 하는 것이다. 그것에 대한 비판에 상관없이 그냥 자기 일을 하는 것이다.

　A를 문제 삼고 있는 글을 두고 오히려 B가 중요하다고 말하는 것, 이것이 가능하기 위해서는 A와 B가 동일한 맥락

속에 있어야만 한다. 사실 A의 문제와 B의 문제가 긴밀하게 관련되어 있다고 해도, 서로 구분될 수 있다면 각각의 문제들에 대한 다른 처방이 나와야 한다.

자꾸 정신적으로 늙는다. 그 징후가 무엇인가? 관대해지는 것인가? 아니면 권위를 염두에 두는 것인가? 아니면 작은 일에도 토라지는 것인가? 아니면 본래 목적 외에 다른 것을 생각하는 것인가? 아니면 예의와 관습에 기대는 것인가?

그냥 누군가 바람결에 소식을 전해준다. 동시에 그럴수록 폐쇄적이 된다. 김종삼의 시, 내가 무엇인가 만지면 그것이 썩어가고 죽어 있었다는 내용이었던 것 같은데, 어디로 갔는지 그의 시집을 찾을 수 없다. 내 작은 방, 그것은 너무 작아서 답답하지만 동시에 그렇게 작아서 무척 편하다.

오히려 철학적 사유의 특질은 여러 사람이 말하듯 정답이 없다는 것이다. 그래서 답답하지만 그래서 정말로 편하다. 달리 생각할 수 있다는 가능성, 어떤 이들은 이것, 따라서 일종의 매뉴얼로 만들 수 없는 이것, 혹은 비로소 각자가 할 수밖에 없는 이것, 이것을 철학의 핵심으로 간주한다. 이런 개방성을 유지할 수 있다는 것, 그러나 언제나 생각과 현실은 엇나간다. 아마도 현실에 생각을 종속시키는 것, 그것이 바로 늙어감의 징조일 것이다. 사실 개방성만큼 피곤한 것도 없으므로.

 노무현 때문에 공부하지 못했다. 정말로 노무현 때문이다. 그러나 내가 하지 못한 것은 작은 공부고, 큰 공부는 했다. 이 두 가지 공부가 모두 나름의 가치를 지니고 있다.

 참으로 열심히 공부하는 꼬마 하나가 블로그에 공부일지를 쓴다. 가령 "오늘 칸트 텍스트 선험적 변증론을 네 시간 동안 읽다." 그의 일지를 구경하면서 자극을 받는다. 나는 오늘 네 시간 동안 무엇을 했는가? 나도 공부해야지. 꼬마가 나를 가르쳐 준다. 참, 고마운 일이다.

 3월과 4월 동안 나를 사로잡았던 강박관념이 공부해야 한다는 것이었다. 그런 조급증 때문에 발악하듯 잠에서 깨어나곤 했다. 그런데 어느 날 그냥 맥이 풀려버렸다. 그리고는 머리카락이 허옇게 되었다.

 태도를 바꾼다는 것, 생각을 바꾼다는 것, 그것은 작은 공부로부터 나오지 않는다. 블로그에 글을 쓰는 이유, 그것은 꼬마로부터 내가 간접적으로 자극 받는 것과 동일할 수 있다.

이렇게 살아도 정말 괜찮은가? 괜찮은 삶은 바로 온몸으로 보여주는 것인데, 내 몸이 많이 망가져버렸다. '계몽', 혹은 '자기 계몽'이란 어떤 모습이어야 하는가? 바꿀 수 있는가? 그 힘은 어디에서 나오는가? 내가 속해 있는 곳부터 바꿀 수 있는가? 그런데 내가 속해 있는 곳이 어디란 말인가?

24

다시 그것을 찾아서

김동길이나 조갑제처럼 인터넷 공간에 개칠을 한다는 것은 매우 창피한 일이다. 시간이 흐르면 그와 비슷한 것들이 또 나타난다. 늙을수록 품위 있게 늙는 법을 배워야 한다.

단지 CPU 쿨러만 바꾸었을 뿐인데 그동안 귀중하게 사용하던 컴퓨터가 먹통이 됐다. 맨 처음에는 컴퓨터 부팅음조차 들리지 않았다. 당연히 모니터와 연결도 되지 않았다. 이리저리 컴퓨터를 분해하고 결합하다 하루가 지나갔다.

사실 그 발단은 사소했다. 그냥 사용해도 큰 상관이 없는 걸 쿨러 소리를 줄이겠다는 작은 욕망으로 시스템 쿨러를 성공적으로 바꾸고, 나아가 CPU 쿨러를 바꾸는 작업까지 했다. 이 사소한 작업이 왜 그동안 잘 사용하던 컴퓨터를 회생 불가능하게 만드는가? 방금 전까지 굴러가던 컴퓨터가 왜 시체가 되어 있단 말인가?

동네 컴퓨터 가게로 갔을 때 그 주인은 자세히 쳐다보지도 않은 채 절대 고치지 못한다고 냉소적으로 말했다. 그런데 그가 나에게 설명한 이유가 전혀 납득이 되지 않는다. 그 사람은 그동안의 경력을 통해 컴퓨터 수리에 대한 전문 기술과 지식을 갖추었을 터인데, 매우 실망스럽다. 동네 아이들이나 컴퓨터에 대해 잘 모르는 그들 부모에게 군림하고 싶은 강한 욕망이 있는 것처럼 보였다.

다시 들고 와서 메인보드를 찬찬히 다시 살폈다. 몇 군데 콘덴서가 부어올라 있다. 늘 다운이 되어서 쓸 수 없었던 컴퓨터에 CPU만 교환하여 하나하나 실험해 본다. 메모리 용

량이 적어 버벅거리지만, 실행이 된다. 여기까지 이틀이 걸렸다.

이 컴퓨터도 어디가 고장인지 동네 컴퓨터 가게 주인들은 납득할 수 있는 말을 보여주지 못했다. 기껏 한다는 소리가 메인보드를 바꾸자는 것이었다. 그렇지만 바꾸지 않은 메인보드에서 이렇게 실행이 된다. 아마 철학이 이들과 비슷하게 고객에게 신뢰를 주지 못한다면, 그것이 지닌 매력이란 사라져버릴 것이다.

가끔 농담으로 하는 소리가 있다. 지하철에서 옆 사람에게 물어보라. 당신은 플라톤의 『국가』를 읽어보았습니까? 그가 아니라고 대답하면 소리를 질러라. 창피하니 지하철에서 내리시오. 어떻게 인간이 이런 책도 한번 읽어보지 않습니까?

점점 그런 책의 목록이 확장되어 간다. 가령 장자의 「소요유」를 읽어보았습니까? 글자를 읽을 수 있다고 해서 문맹인이 아니라고 할 수 없습니다. 이런 책을 읽지 않는 사람이 바로 문맹인입니다.

김현이 말한다. "문학은 그것이 있다는 사실 하나만으

로 문학을 이해하지 못하는 사람이 있다는 것을, 다시 말해서 무지를 추문으로 만든다. 아무런 반성 없이 9시에 회사 문에 들어서서 잡담하고 점심 먹고 5시에 퇴근하는 그런 일과가 계속되는 일상인의 무딘 의식에, 지배적 이데올로기의 뒤를 보지 못하는 갇힌 의식에, 문학은 그것이 진실된 삶이 아니라 거짓된 삶이라는 것을 밝혀주고 그것을 추문으로 만든다. 아니 더 나아가서 문학은 그것의 존재가 글을 못 읽고, 글을 읽을 수 없는 사람이 존재한다는 것을 사람들로 하여금 부끄럽게 만드는 어떤 것이다. …(중략)… 문학이 무지를 추문으로 만든다는 것은, 문맹인이 있다는 것을 글을 읽을 줄 아는 이에게 부끄럽게 만들 뿐만 아니라, 무디게 갇혀 있는 일상인의 의식이 하나의 코미디라는 것을 드러내게 하는 것을 뜻한다."

문학이 여기에 있다. 여기 이렇게 존재하는 문학을 이해하지 못한다는 것은 창피한 일이다. 왜냐하면 그것은 반성이 없다는 것을 의미하기 때문이다. 그것은 내가 이미 편견에 사로잡혀 있는 존재이며, 주체적이고 자율적인 존재가 아니라는 것을 의미한다. 그런데 이런 존재들이 있다는 것은 우리를 부끄럽게 만든다.

그가 말하는 문맹인이 말 그대로 글을 못 읽는 사람은 아니라고 생각한다. 글을 읽을 수 있지만 읽으려고 하지 않는 존재는 문맹인과 다르지 않다. 그는 문학에 대해 이야기하고 있지만, 그 자리에 철학을 대입해도 마찬가지다. 여기에 철학이 있다. 그것을 이해하려고 하지 않는 존재가 우리를 부끄럽게 한다.

노직Robert Nozick은 『무엇이 가치 있는 삶인가』에서 다음과 같은 이야기를 들려준다.

"열다섯 살인가 열여섯 살에 나는 플라톤의 『공화국』을 그것의 표지가 바깥쪽에 보이게 들고서 브루클린의 거리를 돌아다녔다. 나는 단지 일부만 읽었고, 그 모두를 이해할 수 없었지만, 그 책 때문에 흥분했고, 그것이 대단한 것임을 알았다. 나는 어떤 노인이 내가 그 책을 갖고 다니는 것을 알아보고 감동해서 어깨를 두드려주고 무슨 말이든 한마디 건네주길 얼마나 바랐던가."

분명한 것은 이 땅에 이런 '노인'의 존재가 없거나 드물다는 것이다. 노인이 아닌 사람들도 마찬가지일 것이다. 오히려 왜 그런 책을 읽는가? 그것이 취직하는 데 도움이 되는가? 이런 지적을 하는 사람들은 많을 것이다.

배덕

1
변명 혹은 변론

'변명'이라는 단어는 두 가지 의미를 갖고 있다. 하나가 "어떤 잘못이나 실수에 대하여 구실을 대며 그 까닭을 말한다"이다. 이런 의미에서의 변명은 잘못이나 실수가 있어야 비로소 적절하게 사용된다. 그러나 '변명'에는 다른 뜻도 있다. "옳고 그름을 가려 사리를 밝힌다"는 의미가 그것이다. 플라톤의 『소크라테스의 변명』은, 첫 번째 의미도 있겠지만, 오히려 두 번째 의미를 보여주고 있다. 그래서 『소크라테스의 변론』으로 번역된다.

소크라테스가 이미 잘못이나 실수를 범했다고 확신하는 사람들은 그의 이야기를 첫 번째 의미로 간주할 것이다. 그러나 그가 잘못했는지, 실수를 범했는지를 따져보고 검토해봐야 한다고 주장하는 사람이라면 소크라테스의 이야기를 두고 두 번째 의미에서 "변명"이라는 단어를 사용할 것이다. 내가 "변론"이라는 단어보다 "변명"이라는 개념을 사용하는 이유는 그 개념이 갖고 있는 이중적 의미를 함께 사용하고 싶기 때문이다. 내가 하는 이야기가 어떤 사람에게는 변명으로 들릴 것이다. 그러나 나는 내 생각을 변론함과 동시에 정당화하고 있는 것이다.

2
소크라테스의 변론

신탁이 소크라테스에게 말한다. 네가 가장 현명한 사람이다. 그런데 소크라테스는 이 주장을 받아들이지 않는다. 이 주장을 어떻게 반박할 수 있는가? 나보다 현명한 사람을 제시하면 된다. 즉 나보다 현명한 어떤 사람을 반례로 제시하면 된다.

모든 인간은 이기적이다. 이 주장에 대한 비판도 마찬가지다. 인간이지만, 이기적이지 않은 한 사람을 반례로 제시하면 된다. 소크라테스는 반례를 제시하기 위해 자신보다 현명하다고 생각하는 사람을 찾아간다. 그는 우선 정치가를 찾아간다.

소크라테스는 정치가가 현명하다고 생각했고, 정치가 또한 스스로를 현명하다고 생각한다. 그러나 사실 그는 현명하지 않다. 그는 많은 것에 대해 아는 것처럼 이야기하지만 실은 잘 모르고 있다. 그는 진정한 아름다움이나 선에 대해 모르면서 아는 척 한다. 반면에 나는 아는 척 하지 않는다. 적어도 이런 의미에서는 내가 정치가보다 더 현명하다. 모르는 것을 아는 척 하지 않는 것, 그것이 바로 현명함이다.

모르는 것을 아는 척 하는 건 자신을 속이는 일이다. 실은 모르고 있으면서 스스로 알고 있다고 착각하는 사람, 그는 자기반성이 결여된 자다. 이런 의미에서 우리는 우리 스스로에게 언제나 끊임없이 물어야 한다. 과연 나는 내 생각이 옳다는 것을 알고 있는가? 내 생각의 정당성을 어떻게 입증할 수 있는가? 도대체 무슨 근거로 나는 내 생각이 옳다고 생각하는가?

노자가 말한다. 무無 혹은 무명無名은 천지의 시작이고,

유有 혹은 유명有名은 만물의 어머니다. 그러므로 마땅히 항상恒常된 무無를 희구하여 도의 신묘함을 관조하고, 항상된 유有를 희구하여 도가 나타난 현상을 본다. 무無와 유有, 양자는 같이 나와서 이름을 달리 하니, 같이 현묘玄妙하다고 말한다. 현묘하고 또 현묘하니 온갖 신묘한 작용이 나오는 문이로다.

이것과는 다르게 번역되기도 한다. 그러나 어떻게 번역되었든 큰 상관은 없다. 그 어떠한 번역이라도 나는 다음과 같이 물을 수 있기 때문이다. 그래서 노자는 자신의 이런 생각을 어떻게 알게 되었는가? 도대체 무슨 근거로 이런 주장을 하는 것인가?

정치인은 현명하지 않다. 소크라테스는 현명하다고 간주되는 시인, 혹은 예술가를 찾아간다. 시인은 자기의 작품에 대해 제대로 설명하지 못한다. 오히려 다른 사람들이 더 잘 설명해 준다. 시인은 지혜가 있어서 시를 쓰는 것이 아니다. 시인은 일종의 소질과 영감을 통해 시를 쓴다. 따라서 그는 훌륭한 말을 하면서도 정작 그 말의 의미는 정확히 이해하지 못하는 점쟁이나 예언자와 같다. 이런 의미에서 시인들은 스스로 현명하다고 자처하고 있긴 하지만, 실은 현명하지 않다. 그들도 사실 모르면서 아는 척 하는 존재에 불과하다.

소크라테스는 이제 마지막으로 장인을 찾아간다. 장인들은 내가 알지 못하는 많은 것을 알고 있다. 장인은 자기 분야에서 탁월한 지식을 가진 존재이기도 하다. 그러나 장인은 모든 문제에 대해 다 알고 있는 것도 아니면서, 마치 모든 것에 대해 다 알고 있는 것처럼 자처한다. 따라서 그들 또한 모르는 것에 대해 아는 척 하고 있을 뿐이므로 결코 현명한 자가 아니다. 한 분야에 대해 탁월한 능력과 식견을 지니고 있다 할지라도 그가 마치 모든 것에 대해 권위자인 척 한다면, 그는 현명한 존재가 아니다.

철학적 지식을 많이 알고 있다고 해서 그를 현명한 자라고 할 수 있는가? 아니다. 어떤 의미에서 많이 아는 것은 별로 중요하지 않다. 오히려 내가 아는지, 모르는지 반성하는 것이 더 중요하며, 이것이 철학의 중요한 특성이다. 나는 이것을 '취향의 정당화'라고 생각한다. 나는 내가 갖고 있는 취향을 정당화해서 그것이 내 개인이 부여한 가치 이상의 가치를 갖고 있음을 보일 수 있다. 그것이 정당화되지 않는 경우에는, 그것이 마치 진실인 것처럼 다른 사람에게 강요할 수 없다. 왜냐하면 그것은 단지 내 취향에 불과하기 때문이다.

3
데카르트의 방법적 회의

"나는 모든 것을 의심하려고 한다. 왜냐하면 나는 확고 불변한 것을 찾고자 하기 때문이다. 또는 나는 절대적 진리, 아무리 의심해도 의심되지 않는 진리를 찾고자 하기 때문이다."

이것이 데카르트 철학의 출발점이다. 그는 진리를 찾기 위해 모든 것을 의심한다. 단지 회의하고 의심하기 위한 것이 아니다. 이것을 '방법적 회의'라고 한다. 후설E. Husserl은 데카르트의 이런 시도를 매우 높이 평가하고 있다. 모름지기 학문을 하고자 하는 사람은 적어도 일생에 한 번은 데카르트처럼 모든 것을 회의해봐야 한다.

데카르트가 하듯 우리 또한 적어도 일생의 한 번은 우리가 알고 있다고 생각하는 모든 것을 부정하고 의심해 보아야 한다. 과거 학교에서 배웠던 생각은 맞는 것도 있지만, 틀린 것도 있다. 내 머릿속에 틀린 것은 다 삭제하고 오로지 맞는 생각만을 채워 넣어야 한다. 이런 작업은 스스로 해야 하는 것이다. 이런 의미에서 철학은 주체적일 수밖에 없다.

그런데 과연 우리는 모든 것을 의심할 필요가 있는가? 나아가 모든 것을 의심한다는 것이 정말 가능한 일인가?

후기 비트겐슈타인이 『확실성에 관하여』에서 말한다. 어떤 사실도 확신하지 않는 사람은 자기의 말뜻도 확신할 수 없다. 모든 것을 의심하려는 사람은 결국 모든 것을 의심하는 데까지 이르게 되지 않는다. 의심하는 놀이 자체가 이미 확실성을 전제한다. 한 학생이 예컨대 사물들의 존재, 낱말들의 의미 등에 대해 의심함으로써 끊임없이 선생의 말을 중단시키고, 아무것도 설명될 수 없게 만든다. 선생은 말한다. 더 이상 중단시키지 말고, 내가 너에게 말하는 것을 해라. 네 의심은 전혀 아무 뜻도 없다. 만일 내가 지금 거기에 어떤 색깔이 있는지를 알기 위해 "당신은 지금 어떤 색깔을 보는가?" 하고 묻는다면, 나는 내가 말을 건 그 사람이 국어를 이해하는지, 그가 나를 속이고자 하는지, 색깔의 이름들의 의미에 관해서 내 기억이 잘못되지는 않았는지 등의 문제들을 동시에 의심할 수는 없을 것이다. 만일 내가 이것이 내 손이라는 것을 의심하고자 한다면, 그때 나는 어떻게 "손"이라는 낱말이 도대체 어떤 의미를 지니고 있는지 의심하지 않을 수 있을 것인가?

비트겐슈타인에 의하면, 결코 우리는 모든 것을 의심할 수 없다. 적어도 우리는 우리가 사용하는 말이나 개념에 대해서는 의심할 수 없다. 그것을 의심한다면 우리말이나 사유는 불가능하게 될 것이다. 따라서 데카르트는 마치 불가능한 것을 가능한 것처럼 이야기하는 실책을 범하고 있다.

"그것은 때로 우리를 속인다. 따라서 그것은 언제나 우리를 속일 가능성이 있다."

그것이 언제나 우리를 속일 가능성이 있다면, 우리는 그것을 신뢰할 수 없을 것이다. 따라서 우리는 외부 감각을, 내부 감각, 즉 내성을, 수학적 진리를 전적으로 신뢰할 수 없다. 외부 감각은 때로 우리를 속인다. 시각적 착각의 경우가 그렇다. 내성은, 혹은 내부 감각은 우리를 때때로 속인다. 데카르트는 꿈의 예를 든다. 실제로는 정상인이지만, 꿈속에서 나는 마치 미치광이처럼 행동한다. 미치광이처럼 행동하는 꿈속에서의 내 모습이 진짜 내 모습이라고 나는 잘못 생각한다. 때로 내가 잘못 생각한다면, 언제나 잘못 생각할 가능성이 있다. 따라서 내 삶도 모두 꿈일 가능성이 있다. 수학적 진리는 확실한 것처럼 보이지만, 그 또한 나보다 우월한 악신惡神이 내가 그렇게 믿도록 나에게 주입한 것일 수 있다. 때때로 내가 수학적 계산에서 실수를 하기 때문에, 그로부터 언제나 틀릴 가능성이 있다는 것이 추론되기 때문이다. 이것이 악신이 나를 언제나 속이는 경우다.

아니다. 때로 그것이 우리를 속인다고 해도, 언제나 우리를 속일 논리적 가능성은 없다. 가령 어떤 지폐 한 장이 위조지폐라고 해서, 그로부터 모든 지폐가 위조지폐일 수 있다는 것이 추론되지는 않는다. 이는 개념적으로 혹은 논리적으로 불가능하다. 이런 의미에서 데카르트가 보여주었던 논증, 즉 감각이 우리를 언제나 속이고, 꿈이 혹은 내성이 우리를 언제나 속이며, 악신이 우리를 언제나 속일 가능성이란 존재하지 않는다. 따라서 우리는 모든 것을 의심할 수 없다.

4
논증적 철학

 나는 철학의 대상이 논증이라고 생각한다. 철학은 논증의 정당성, 즉 논증의 타당성과 건전성을 따져보는 지성적 작업이다. 따라서 어떤 철학적 이론을 해석, 이해, 소개하는 작업은 철학의 부차적 일에 지나지 않는다.

철학의 문제는 우리의 일상생활과 직접적 관련이 없다. 오히려 철학은 우리의 일상생활이 가능한 그 터전을 문제 삼는다. 우리 일상생활은 우리가 살고 있는 세계 안에서 이루어진다. 그런데 철학은 묻는다. 과연 그러한 세계가 있는가? 그러한 세계가 있다고 주장할 권리를 우리가 과연 가지고 있는가? 이런 의미에서 철학적 시선은 언제나 구름 위에 올라가 있는 것과 같다. 따라서 나는 철학에게 땅으로 내려오라는 명령이 바람직하지 않다고 생각한다.

철학은 우리 현실의 구체적 문제들과 직접적 관계를 맺고 있지 않다. 철학은 현실 안에서 쓸모가 있는 어떤 것을 대상으로 삼고 있지 않다. 철학이 다루는 문제는 현실 안에 일어나고 있는 문제가 아니다. 가령 철학은 어떻게 해야 돈을 벌 수 있는지 다루지 않는다. 그보다는 왜 돈이 중요한지 그 이유를 탐구한다. 그리고 돈보다 더 가치 있는 어떤 것이 있는지, 돈만 최고의 가치라고 했을 때, 어떤 문제가 일어날 수 있는지를 따져본다. 가령 마이클 샌델의 『돈으로 살 수 없는 것들』을 보라.

사실 우리는 철학을 배울 기본적 조건조차 갖추지 못했다. 문학 작품을 보고 우리 삶에 관해 치열하게 고민하는 것에도 익숙하지 않다. 어떤 종교적 주장이나 전통적 사유에 대해 철저하게 의심하는 방법도 배우지 못했다. 또 과학이나 수학의 근본적 전제들에 대해서도 의문을 제기하기보다는 기계적으로 문제 풀이만 해왔다. 과학이나 수학이 어떤 대단한 생각 위에 서 있는지 별로 생각해 본 적도 없었다. 그럼에도 우리에게 철학의 명맥이 유지된다는 것은 매우 신기한 일이다.

아마 동경 유학생의 흔적이 나에게도 남아 있을 것이다. 내가 동양철학보다 서양철학에 친근감이나 애호를 느끼는 것이 바로 그 흔적이다. 서양철학자들의 저술은 그나마 자세하게 읽으면서도 우리 철학자들의 저술은 읽지 않거나, 심지어 어떤 책이 있는지조차 잘 모른다.

예전에 내 주위에는 한글 철학책을 읽지 않는 것을 자랑하는 사람이 있었다. "나는 절대 한글 철학책이나 논문을 읽지 않는다." 그는 그것이 자신의 높은 수준을 보여준다고 믿고 있었다. 그러나 비록 우리의 수준이 아무리 형편없다 할지라도, 그는 허공에서 철학하는 것이다. 네가 아무리 열심히 철학 하면서 그들에게 말을 걸어봐도, 네가 여전히 이곳에 있는 한, 그들은 결코 너를 상대해 주지 않을 것이다.

"이 땅에서 철학하기"라는 구호만 보면, 가슴이 설레는 동시에 어떻게 할지 막막하기도 하다. 이 구호는 우리철학연구소에서 간행한 책의 제목이기도 하다.

『동양철학에 관한 분석적 비판』에서 나는 밀리칸의 논문을 거론하며 그것을 부러워했다. 밀리칸Ruth G. Millikan은 그녀의 논문 「아들과 딸 -셀라스, 브랜덤, 밀리칸」에서 자신과 브랜덤이 모두 셀라스라는 원천으로부터 나온 딸과 아들이라고 말한다. 한 아버지로부터 나왔음에도 불구하고 자신과 브랜덤은 서로 대립한다. 이러한 대립의 원천은 셀라스에게 있지만, 정작 셀라스에게서는 그러한 균열이 발견되지 않는다. 자기 생각을 반성하며 그것을 주위 동료 철학자의 견해와 대비해서 이야기하면, 그것이 바로 중요한 철학적 토론의 주제가 되고 논문이 된다. 이것이 바로 내가 부러워하는 점이었다. 그들이 서로 이야기를 나누면서 자신들의 생각을 다듬고 있을 때, 나는 그들의 이야기를 단지 구경만 하고 있을 뿐이다.

어떻게 구경꾼에서 참여자가 될 수 있을까? 그들의 수준을 부러워하거나 동경할 필요는 없다. 비록 그들 수준에 미치지 못한다 할지라도, 내 나름 내 철학 이야기를 하면 된다. 모든 농구선수가 마이클 조던은 아니다. 키가 크면 농구를 더 잘 할 수도 있겠지만, 키가 작은 사람도 나름대로 농구를 즐길 수 있다. 따라서 나는 내 생각을 이야기하면서 내 나름대로 그 생각에 대한 논증을 제시하면 된다. 나와 함께 이야기를 나눌 동반자가 있으면 좋겠지만, 그렇지 않아도 상관없다. 나는 그냥 내 길을 가는 것이다.

동양철학에 대한 책을 쓰면서, 분석철학이라는 내 좁은 영역을 벗어나게 해준 것이 역설적으로 분석철학에서 그렇게 강조하던 논증 덕분임을 말했다. 비록 한자나 한문을 몰라도 내가 동양철학에 대해 논평할 수 있었던 이유는 그것을 한문으로 보는 것이 아니라, 논증으로 보았기 때문이다.

구경꾼이 아닌, 참여자가 되는 것, 그것을 가능하게 하는 최소 조건이 바로 논증적으로 철학하는 것이다. 멀리서 벌어지고 있는 그들의 철학적 활동을 구경만 하고 있을 것이 아니라, 여기에서 일어나는 다양한 철학적 시도들에 관해 논증을 통해 서로 대화하는 것이다. 지금 여기에서 이루어지는 동양철학의 생각을 논증으로 표현하여 그 의의와 한계를 지적할 때, 또 지금 여기에서 이루어지는 현대 유럽철학의 사유를 논증으로 정형화하여 옹호하거나 비판할 때, 비로소 이 땅에서 철학하기의 희미한 흔적을 마련할 수 있다.

철학의 대상이 논증이라는 주장에 반대하는 강한 경향이 있다. 그런데 도대체 왜 반대하는 것인가? 역설적으로 그렇게 반대하는 논거는 무엇인가? 이러한 논거도 없이 반대한다면 그냥 "싫다"는 취향의 표현에 지나지 않는다. 논증적 철학을 반대하는 그들의 논증은 과연 설득력이 있는가? 분명한 것은 논증적 철학에 반대하는 생각조차 논증으로 표현되어야 한다는 것이다.

5
한국철학

나는 '한국철학'이라는 용어를 좋아하지 않는다. 그 용어는 우리가 지금 여기에서 수행하고 있는 철학을 의미하지 않는 경향이 다분하기 때문이다. '한국철학'이라는 용어가 가령 이퇴계나 이율곡, 정약용 등의 철학에만 한정되는 것은 바람직하지 못하다. 왜냐하면 그러한 한정이 다른 사유들의 가능성을 배제하기 때문이다. 나는 한국철학 전공자가 아니지만, 따라서 나는 화담 서경덕의 철학에 대해 자세히는 모르지만, 존재에 대해, 존재를 리기理氣로 보는 것에 대해, 철학적 주장을 정당화하는 문제에 대해 여기 이 땅에서 내 나름대로 생각한다. 이런 과정에서 나는 자신이 전공하는 철학적 전문분야와 상관없이 이런 문제들에 대해 이야기하는 철학자들의 글을 만나 이야기하고 싶다. 이런 이야기의 공간이 '우리철학'을 구성해야 한다고 생각한다.

그가 주장한다. 한국어로 철학해야 한다. 왜 그래야 하는가? 한국어로 철학하지 않으면, 우리 사유, 우리 언어의 고유한 논리구조가 드러나지 않기 때문이다. 그 결과, 철학과 삶은 서로 겉돌게 된다. 가령 철학용어는 생활언어로부터 동떨어져 있기에 철학이 어렵게 느껴진다. 또한 한자어 때문에 우리말의 생동감이 죽어버린다.

그가 한국어로 철학하지 않는 예들을 제시하고 있다. 나는 "조선시를 달게 짓겠노라"라고 이야기하면서 한자로 글을 쓰고 있는 정약용의 경우, 김용옥이 지적하듯 한국어 글 가운데 독일어를 그냥 쓰는 국독문 혼용 글쓰기, 동시에 김용옥처럼 한자어를 그대로 쓰는 국한문 혼용의 경우도 그 예들에 속한다. 이런 게 다 한국어로 철학하지 않은 사례로 등장한다. 이 점에서 본다면 그가 말하는 한국어로 철학하기란 적어도 한국어 문장을 올바르게 사용하면서 그것으로 철학하는 것이다.

그는 우리의 철학언어의 핵심이 거의 한자어라고 지적하고 있다. 그 결과, 가령 도道라는 한자어는 심오한 철학적 의미를 획득하는 데 반하여 그 도道의 우리말 표현인 '길'은 심오한 의미가 없는 사소한 일상어로서 낮게 취급된다. 그냥 '생각'이라고 표현하면 될 것을 '사고思考'라는 한자어로 표현한다. '나'라고 표현하면 될 것을 '자아自我'라고 표현한다. '열림'이라고 표현하면 될 것을 '개벽開闢'이라고 말한다. 이 점에서 본다면, 한국어로 철학하기란 이런 현상을 비판적으로 극복하자는 주장이다.

그는 찬동할 수밖에 없는 올바른 주장을 다음과 같이 하고 있다.

"예를 들어, 데리다의 'la dissemination'이란 개념은 흔히 '산종散種'이라는 낱말로 번역된다. 그런데 만약 이를 '씨뿌리기'라고 옮겨 놓으면 거기에서 우리는 일단 어떤 구체적인 모습을 떠올릴 수 있게 된다. 그 구체적인 모습이 데리다가 이 낱말에 담은 사유의 정확한 개념적 이해는 아니겠지만, 그 이해를 위한 실마리는 던져준다. 그러나 이를 '산종'이란 말로 옮기면 독자는 그로부터 아무런 실마리도 잡을 수 없다."

"이런 해괴한 한자어를 써야 철학을 할 수 있다는 믿음이 한자어 신비주의자들의 신념이다. 이런 유치한 신비화를 되풀이하는 한, 한국의 철학은 가짜 어려움의 늪에서 빠져나올 수 없을 것이다. 예를 하나 더 들어보자. '오성悟性'이라는 무시무시한 단어는 영어 'understanding'의 번역어이다. 한국의 중학생 가운데 오성이 뭔지 설명할 수 있는 학생은 단 한 명도 없겠지만, 반대로 'understanding'을 모르는 중학생은 드물 것이다."

"이비인후과를 영어로 'nose, ear, and throat hospital' 이라고 한다. 너무도 분명하지 않은가. 우리도 귀, 코, 목 병원이라고 하면 다섯 살배기 아이들도 거기가 뭐하는 곳인지 알 수 있을 것이다."

맞다. 그가 주장하듯 더욱 이해하기 쉬운 말로 바꾸어 철학해야 한다. 물론 모든 한자어를 추방할 필요는 없을 것이다. 이미 우리에게 친숙하여 우리말처럼 간주되는 한자어는 그냥 사용해도 괜찮다고 생각한다. 그러나 그러한 용어조차도 '귀 코 목 병원'처럼 더 쉽게 고쳐 우리의 일상적 언어로 표현해야 한다.

그런데 이러한 주장이 '한국어로 철학하기'가 보여주려고 하는 핵심, 즉 우리의 논리구조와 무슨 관계가 있는 것인가? 한국어의 논리, 혹은 한국어의 논리구조라는 것이 무엇인가? 그는 이것을 중국어의 논리나 논리구조와 대비시켜 말한다. 이퇴계는 어쨌든 한자로 철학하고 있기에 그가 보여준 것은 우리의 논리가 아니라 중국의 논리라고 주장한다. 그런데 나는 여기에서 그가 이야기하는 '논리'가 무엇인지 모르겠다.

그는 각 언어에는 그 언어마다의 고유한 논리가 있다고 생각하는 것처럼 보인다. 따라서 중국어에는 중국어의 논리가 있고, 한국어에는 한국어의 논리가 있다. 그런데 또 이것이 각각의 언어에 따라 논리가 있다는 주장은 아니라고 말한다. 그럼에도 이퇴계에 대한 공박에서 알 수 있듯 한국어와 중국어의 경우, 그 논리는 한국어와 중국어라는 언어에 의존한다.

나는 이런 생각이 틀렸다고 생각한다. 논리는 한국어나 중국어 등의 자연언어에 의존적이지 않다. 따라서 그리스 언어로부터 생겨난 그리스 논리가 있는 게 아니라, 그리스인 아리스토텔레스가 고안한 혹은 발견한 보편적 논리가 있는 것이다. 프레게, 러셀, 비트겐슈타인 등의 서양인 들이 고안한 보편적인 현대 논리가 있는 것이다.

그는 말한다. "일상언어에 담긴 생동감은 추상화를 위해 내다버려야 하는 '저 낮은 특수성'이 아니며, 한국인의 마음, 한국인의 고유한 논리구조와 질긴 끈으로 이어져 있다. 우리의 관심은 이것을 드러내는 일이다. 중국어는 중국어로 읽을 때 그 자체의 생명력과 생동감이 있다."

우리의 진짜 일상언어, 한국어에 담긴 한국인의 마음, 한국인의 고유한 논리구조라는 것이 있는가? 그것이 무엇인가? 그는 이것을 자세하게 밝히고 있지 않다. 아마 그것은 앞으로의 탐구 대상일 것이다. 그럼에도 불구하고 그는 한국의 고유한 논리구조에 대해 다음과 같이 이야기하고 있다.

"예컨대 한국어의 의미론적 특성은 '떨림'이다. 빨강색에 대한 영어 표현은 'red' 'crimson' 'scarlet' 등 두세 가지를 넘지 않지만, 한국어에서 빨강에 대한 표현은 '빨갛다' '새빨갛다' '뻘겋다' '시뻘겋다' '붉다' '불그죽죽하다' '불그스레하다' '불그스름하다' 등 셀 수 없을 정도다. 한국어의 이런 특성은 철학적으로 무엇을 의미하는가. 사태를 '떨림'의 과정으로 본다는 의미가 아닐까? 그렇다면 그 의미는 무엇인가. 고정불변의 어떤 실체를 인정하지 않으려는 태도로 읽을 수 있을 것이다. 한국어는 '감당할 수 없는 직접성'을 간직하고 있는 언어다. 이런 언어로 서방식 형이상학을 만들어내는 일은 가능하지 않아 보인다."

우리말 논리는 고정불변한 실체를 거부한다. 그는 이것을 "떨림" 혹은 "감당할 수 없는 직접성"으로 표현하는 것처럼 보인다. 그러나 고정불변한 실체를 비판하고 그것을 '관계'로 대체하는 시도는 서양철학과 대조되는 동양철학, 혹은 중국철학의 특성을 해명할 때 언제나 거론되는 요소다. 따라서 이것을 우리 언어의 고유한 논리라고 주장할 수는 없다.

6
언어와 사고

"한국어로 철학해야 한다. 왜냐하면 그래야만 우리 사유의 고유 논리를 파악할 수 있기 때문이다."

변명

이 논증은 "언어가 사유를 규정한다"는 전제를 깔고 있다. 중국어는 중국인의 고유한 사유논리와 생동감을 보여준다. 따라서 중국 언어, 즉 한자로는 우리의 고유한 사유논리를 드러낼 수 없다.

그런데 "언어가 사유를 규정한다"는 주장은 참인가? "언어가 사유를 결정한다"는 주장은 강한 주장인 반면 "언어가 사유에 영향을 미친다"라는 주장은 약한 주장이다. 강한 주장이나 약한 주장 모두 '언어'가 문제 된다. 여기에서 말하는 언어는 어떤 것인가? 한국어나 중국어 같은 자연언어를 이야기하는 것인가? 한국어라는 자연언어를 강한 주장에 대입하면 "한국어가 우리 사유를 결정한다"가 된다. 사실 약한 주장은 어떤 의미에서 상식적이기 때문에, 문제가 되는 것은 강한 언어 상대론이다. 이 주장은 과연 설득력이 있는가? 분명한 것은 이 주장을 받아들일수록 한국어의 고유성을 강조하게 되고 그에 따라 우리 한국적 사유의 독특성을 강조하게 된다는 것이다.

언어학자들은 이 주장을 경험적 가설로 간주한다. 따라서 이 주장은 경험적 사례들이나 그것에 대한 이론적 설명을 통해 입증되어야 하는 주장이다. 일반적으로 언어학자들은 언어 상대론의 강한 주장이 경험적 증거가 없다고 반박한다. 반면에 약한 주장은 수용한다. 즉 언어가 사물의 인지력에 영향을 미친다는 것이다.

나는 언어 상대론자는 아니지만, 언어가 우리 사유를 규정, 혹은 결정한다는 주장, 즉 언어와 사유의 우선성 문제에서 언어가 사유에 우선한다는 논제를 수용한다. 그것은 후기 비트겐슈타인이 잘 보여주었듯 사적 언어에 빠지지 않기 위해서다. 언어가 없는, 혹은 개념이 없는 상태에서 내 내적 사유, 혹은 '감당할 수 없는 직접성'을 파악한다는 것이 어떤 것인지 나는 상상하기 어렵다. 내가 나의 내부에 있는 어떤 심적 상태에 이름을 붙이거나 묘사하기 위해서는 이미 언어를 선제하고 있어야 한다.

이런 주장은 경험적 가설인가? 아니다. 이런 주장은 철학적 주장이다. 따라서 경험적 사례를 통해 입증될 필요가 없는 주장이다. 이 주장은 우리가 가진 상식적 생각, 즉 언어는 사유 표현의 도구이며, 그것이 우리의 약정, 혹은 규약에 의해 만들어졌고, 언어보다 더 중요한 것은 우리가 직접 경험할 수 있는 실재적인 것이라는 생각이 결국 사적 언어, 즉 자기만 이해할 수 있는 언어, 따라서 언어라고 부를 수 없는 그런 이상한 생각을 함축한다는 것을 보여줌으로써 그 상식적 생각을 공박하고 있다. 이러한 철학적 작업은 개념적, 논리적 작업이며, 언어학의 경험적, 가설적 작업이 아니다.

그가 말한다. "한국어는 한국철학이나 사상과 상호 연관성을 갖는다." '상호 연관성'이라는 개념이 분명치 않지만, '한국어'나 한국어에 대한 언어학적 성과를 강조하고 있다는 점에서 그는 아마 "한국어가 한국철학이나 한국사상에 영향을 미친다"라는 주장을 수용하고 있는 것처럼 보인다. 만약 이 주장이 참이라면, 그가 하듯 한국어의 특성을 고찰함으로써 한국철학이나 한국사상의 어떤 것을 해명할 수 있다.

그는 리처드 니스벳의 『생각의 지도』에 나온 견해를 수용하여 한국어와 한국철학의 상호 관련성을 살피는 가운데 고유하고 주체적인 한국사상의 가능한 지평을 설명한다. 그것은 실체의 철학이 아니라 관계의 철학이며, 명사보다 동사가 중심인 우리 언어의 특성에 따라 변화와 운동을 강조하는 철학이고, 개별적 원자론의 철학이 아닌 전체론의 철학이다.

그런데 이러한 특성들은 오직 한국어로부터만 나오는 것이 아니다. 왜냐하면 이것들은 중국어를 사용하는 중국철학이나 중국적 사유의 특성으로도 언제나 등장하는 것이기 때문이다. 이는 동시에 그가 의도하는 언어 상대론이라는 경험적 가설에 증거를 마련하려는 그의 시도가 실패했음을 보여준다. 나는 이런 가설에 경험적 증거를 마련해주는 것이 철학자의 일이라고 생각하지 않는다. 그것은 언어학자의 일이다.

우리말로 철학해야 한다. 나는 이 주장에 찬동하지만, 어떤 철학적 의미 때문에 찬동하는 것이 아니다. 오히려 철학이 보다 쉽고 상식적으로 이해되기 위해서 철학에서 사용하는 용어들뿐만 아니라 문장들도, 우리말을 사용하여 명백하게 표현해야 한다고 생각한다.

나아가 우리말이 보여주고 있다고 주장되는 관계의 철학, 운동과 변화의 철학, 전체성의 철학이 우리가 자연스럽고 친숙하게 사용하는 우리말의 특성에 의해 정당화될 수는 없다고 생각한다. 그것은 우리말의 특성에 의해서가 아니라, 철학적 논거들을 통해 옹호되어야 한다.

7
논증적으로 철학하기

철학은 논증의 문제다. 이 주장이 의미하고 함축하는 것은 무엇인가? 철학은 번역의 문제가 아니라는 것이다. 어떤 의미에서 우리는 외국어에 대한 열등감에서 벗어나야 한다. 철학은 어려운 외국 철학 텍스트를 올바르게 번역하는 문제가 아니다. 철학은 철학적 문제를 해결하기 위해 제시된 논증을 비판적으로 검토하는 작업이다. 따라서 철학 텍스트를 그 미묘한 뉘앙스까지 살려 번역할 필요는 없다고 생각한다. 오히려 텍스트의 내용을 논증적으로 요약할 수 있다면 그것으로 충분하다. 이렇게 요약된 논증에 대해 그것이 설득력이 있는지 따져 보는 것이다.

칸트가 말했다. 그것이 무슨 의미인가? 이 문장은 이렇게 번역되는가, 아니면 다르게 번역되는가? 그 당시 이 개념은 어떤 방식으로 사용됐고, 칸트는 그것을 어떤 의미로 사용하는가? 그러나 이러한 질문에 앞서 텍스트가 어떤 논증을 제시하고 있는지를 먼저 생각해봐야 한다. 칸트가 주장한다. 시간과 공간이라는 감성 형식과 범주 형식이 우리 경험을 가능케 하는 필요조건이다. 그런데 이렇게 주장하는 근거가 무엇인가? 무슨 근거로 그런 주장을 하는가? 그 근거는 설득력이 있는가? 이렇게 철학하기 시작하면, 우리는 서양 철학자의 사유를 수동적으로 받아들이지 않게 된다. 그럼으로써 동시에 우리는 표절하지 않게 된다.

논증적으로 철학한다는 것은 소문으로 철학하지 않는다는 말이다. 나는 소문으로 철학하는 것을 바람직하지 않다고 본다. 칸트가 그랬다. 푸코가 그랬다. 고진이 그랬다. 지젝이 그랬다. 비트겐슈타인이 그랬다. 크립키가 그랬다.

우연히 읽게 된 어떤 논문에 다음과 같이 써 있다. "여기에서 비트겐슈타인에 대해 길게 설명한다는 것은 불필요할 뿐만 아니라 불가능하다. 솔 크립키가 말했듯 '비트겐슈타인의 논의 자체를 기술한다는 것은 비트겐슈타인을 왜곡하지 않고서는 불가능하다'고 할 만큼 그는 접근하기 어려운 철학자이기 때문이다."

비트겐슈타인에 대해 설명하는 것이 불가능하다. 그러나 이 주장은 비트겐슈타인에 대해 설명하는 것이 어렵다는 주장과 동일한 주장이 아니다. 비트겐슈타인에 대해 설명하는 것이 불가능하다면, 비트겐슈타인의 철학에 대해 이야기하지 않아야 한다. 그의 말처럼 침묵하라. 그러나 비트겐슈타인의 철학에 대해 이야기하는 것이 어렵다는 것이 그것에 대해 이야기할 수 없다는 것을 함축하지는 않는다.

나는 크립키가 정말 저런 말을 했는지 궁금했다. 그런데 정말 크립키가 그런 말을 했다. 아마 내가 크립키의 그 말을 기억하지 못한 것은 그 말이 그렇게 중요하다고 느끼지 않았기 때문일 것이다. 크립키는 말한다. "비트겐슈타인의 논증을 정확하게 제시하려는 시도는 어느 정도는 그것을 왜곡하는 일인 듯하다. 아마 비트겐슈타인 자신은 내가 논증을 만들고 다시 구성하는 방식을 상당 부분 인정하지 않을 것이다." 크립키는 버클리의 경우를 예로 들면서 왜 그럴 수밖에 없는지 해명하고 있다. 그러나 나는 이런 문제가 별로 중요하지 않다고 생각한다. 비록 그것이 비트겐슈타인의 진의를 왜곡했다 할지라도, 그것은 크립키가 제시한 논증이며, 따라서 중요한 것은 그 논증의 설득력과 정당성이기 때문이다. 그것이 비트겐슈타인의 진의를 왜곡했는지 안 했는지는 그렇게 중요한 문제가 아니다. 아마 비트겐슈타인조차도 자신의 진의가 무엇인지 잘 모를 것이다.

논증적으로 철학하지 않으면 철학자를 우상화하고 신비화하게 된다. 우리가 비트겐슈타인의 그 엄청난 주장을 설명하면 할수록 그것을 왜곡시킬 뿐이다. 따라서 그냥 그의 주장을 받아들여야 한다. 이런 태도의 결과, 우리는 소문으로 철학하게 된다. "그 위대한 철학자가 그렇게 말했다. 따라서 그것이 맞다."

이런 의미에서 나는 한 철학자의 사유에 대한 해석 문제가 그렇게 중요하다고 생각하지 않는다. 가령 비트겐슈타인에 대한 가라타니 고진의 생각이 틀렸거나 혹은 가라타니 고진이 비트겐슈타인을 오해하고 있다고 지적하는 것은 매력적이지 않다. 비록 비트겐슈타인에 대한 해석이 틀렸다고 해도, 중요한 것은 가라타니 고진이 보여주고 있는 생각 자체의 정당성이다. 비트겐슈타인의 진의나 본래 의도를 거론하지 말고, 그 생각 자체를 비판하면 된다. 이럼으로써 우리는 소문으로 철학하기에서 벗어날 수 있다. 이것이 바로 철학 수입상이 되지 않는 한 방법이다.

소문으로 철학한다는 것은 자기반성이 없다는 것을 의미한다. 그가 그렇게 말했다. 그것이 무슨 의미인가? 그 주장에 대한 논거가 무엇인가? 그 논증이 과연 타당한가? 이런 질문이 없다는 것은 자기반성이 없다는 것을 의미한다. 소크라테스가 말했듯 자기반성이 없는 삶은 가치 있는 삶이 아니다. 소문으로 받아들인 그것에 대해 과연 나는 내 나름대로 이해하고 있는가? 나는 그 주장에 관해 제대로, 혹은 맥락에 맞게 이해하고 있는 것인가? 나는 올바르게 혹은 주체적으로 이해하면서 떠들고 있는 것인가? 나는 모르면서 아는 척 사기치고 있는 것은 아닌가?

8
논증 만들기

 황제가 말한다. 나는 베루스 할아버지에게서 고상한 성품과 격정을 누르는 침착함을 배웠다. 아버지로부터 나는 강인한 사내다운 성격을 배웠다. 어머니에게서 나는 경건한 신앙심과 자비심을 배웠다. 비겁한 행동뿐만 아니라 그런 생각조차 삼가는 절제를 배웠다. 나아가 부자들의 생활습관과는 거리가 먼 검소한 생활을 배웠다. 나는 증조부로부터 학교에 가는 것보다 집에서 훌륭한 선생을 모시는 것이 낫다는 것을, 그리고 이런 목적을 위해 돈을 아끼지 말아야 한다는 것을 배웠다. 또 나는 스승으로부터 어려움을 두려워하지 말라는 것을 배웠다. 또 그로부터 작은 것에 만족하는 것, 자신의 욕망을 줄이는 것, 다른 사람의 일에 참견하지 말아야 한다는 것, 다른 사람에 대한 비방에 귀를 기울이지 말고 오직 자기 일에 몰두해야 한다는 것을 배웠다.

황제의 이런 언명에 매우 감명했던 적이 있었다. 나는 황제의 『명상록』에 밑줄을 치며 반복해서 읽었다. 사실 황제의 『명상록』이나 공자의 『논어』는 어떤 의미에서 큰 차이가 없었다. 그럼에도 『논어』를 밑줄 치며 읽은 적은 없었다. 아마 이것이 나에게 남아 있었던 그들을 향한 시선의 흔적이었을 것이다. 동시에 『논어』나 동양고전에 대한 교육을 제대로 받지 못한 흔적이기도 하다.

공자가 말한다. 배우고 때로 익히면 또한 즐겁지 않겠는가? 벗이 있어 먼 곳으로부터 찾아오면 즐겁지 않겠는가? 남이 나를 알아주지 않더라도 노여워하지 않는 것이 군자의 도리 아니겠는가? 집에 들어오면 부모에게 효도하고, 밖에 나가면 모든 일을 삼가며, 남에게 믿음을 주고, 모든 사람을 널리 사랑하라. 특히 어진 사람을 가까이 하고, 그러고도 남음이 있으면 글을 배워라. 군자가 무겁지 않으면 위엄이 없고 학문도 견고하지 못하다. 충성과 믿음을 주로 삼되 자기만 못한 사람을 사귀지 말라. 자신에게 허물이 있다면 고치기를 꺼리지 말라. 군자는 배부르게 먹는 것을 바라지 않고, 편안하게 거주하는 것을 구하지 않으며, 모든 일에 민첩하고 말을 삼가며, 도를 취하여 바르게 나아가야만 학문을 좋아한다고 말할 수 있다. 남이 나를 알지 못함을 탓하지 말라. 오히려 내가 남을 알지 못함을 탓하라.

모두 좋은 말이다. 황제나 공자 모두 우리에게 진정한

인간이 어떤 것인지 이야기하고 있다. 감정에 휩싸여 행동하지 말라. 진중해야 한다. 경건해야 한다. 검소해야 한다. 배움을 기피하지 말라. 허물이 있으면 스스로 고쳐야 한다. 어려움을 회피하지 말고 극복하라. 작은 것에 만족하라. 타인의 평가에 의존하지 말고 자기 일에 몰두해야 한다. 진정으로 사람들을 사귀어야 한다. 그런데 왜 그래야만 하는가? 왜 우리는 때에 맞추어 배우고 익혀야 하는가? 과연 이것이 즐거운 일인가? 왜 그것이 즐거운가?

어떤 의미에서 『논어』는 어려운 책이라고 할 수 있다. 논증은 없고 우리가 수긍할 수밖에 없는 주장들만 들어 있기 때문이다. 때에 맞춰 배우고 익혀야 한다. 왜 그래야 하는가? 왜 우리는 마땅히 때에 맞춰 배우고 익혀야 하는 것인가? 더 나아가 공자는 그것이 기쁜 것이라고 말하고 있다. 배우고 익히는 것이 주는 자기 즐거움에 대한 근거는 무엇인가?

이런 의미에서 철학적 사유를 배울 수 있는 보다 기초적이고 효율적인 방법은 논증이 명백하게 표현되어 있는 책을 읽는 것이다.

9
명백하게 표현하기

"낭시가 강조하는 바는 예술이 이제 더 이상 진리의 재현이 아니라, '진리의 제시라는 영역 내 제시로 지양된다'는 것과, 이와 함께 예술은 '예술로서는 제거되지만, 순수한 제시로서는 보존된다'는 것이다. 낭시가 의미하는 제시는 칸트가 말하는 구상력의 '한계'에서 나타나는 것으로, '무le rien'의 제시, '아무것도 제시하지 않는' 제시이며, 그래서 '순수한 제시'이자 '제시불가능함l'imprésentable'의 제시이다. 이러한 제시는 경계가 스스로를 제공하여 감각되어지게 하는 것이며, 선물과 같이 주어지는 '봉헌Aufopferung'으로서, 우리로 하여금 대상과 거리를 두고 경계의 안과 밖을 함께 사유하도록 한다는 데 그 의미가 있게 된다."

비록 짧은 단락이지만, 이런 글은 난감하다. 몇 번씩 반복해서 읽어야 한다. 요약해보자. 예술은 더 이상 진리의 재현, 혹은 진리의 표상이 아니다. 예술은 진리의 제시라는 영역에서 지양된다. 그런데 이 주장 자체가 그렇게 분명치 않다. 이 주장은 예술이 제거된다는 것을 의미한다. 예술은 제거된다. 그런데 진리는 보존된다. 진리가 보존된다는 것은 진리가 제시된다는 것과 동일한 주장인가? 그래서 예술은 진리를 재현하는 것이 아니라, 진리를 제시한다는 것인가? 예술이 진리를 제시하는데도 불구하고 예술이 제거된다는 주장은 무슨 의미란 말인가?

낭시는 이렇게 말한다. "철학이 예술을 대체한다는 사유, 혹은 철학으로 예술을 지양한다는 생각이야말로 예술의 종국에 관련된 헤겔식 사유의 가장 뚜렷한 대목이 아니던가. 그런데 핵심을 요약하자면 이렇다. 숭고가 요구하는 것은 예술의 지양과는 정반대이다."

헤겔의 생각은 바로 철학이 예술을 대체한다는 것이다. 그 결과, 예술은 종말을 맞는다. 철학은 예술을 지양한다. 예술은 제거되고 이제 철학이 남는다. 이 철학이 진리를 제시한다. 그런데 낭시가 지적한다. 이러한 헤겔의 생각은 틀린 것이다. 왜냐하면 숭고가 바로 예술이 제거될 수 없다는 것을 보여주기 때문이다.

"결국 헤겔의 사유는 예술을 생각하는 것이 아니라, 오직 예술의 끝만을 사유한다고 할 수 있다. 예술을 철학 안에 철학으로 보존함으로써 그것에 종지부를 찍는 것이다. 또한 그것은 진리의 제시라는 측면에 있어서도 예술에 종언을 고한다. 헤겔식 사유 방식을 따르면, 예술은 재현의 제반 유형을 통해 진리를 제시하는 기술이었으나, 진리가 그 스스로 드러나는 지점에 다다르면 그 후부터 더 이상 재현적 제시일 수 없다. 예술은 그렇게 스스로의 종국에 도달한다. 예술은 진실의 제시라는 영역 내 제시로 지양된다. 그리하여 예술로서는 제거되지만, 순수한 제시로서 보존된다."

헤겔에 의하면 예술이 진리를 표상적으로, 재현적으로 제시한다면, 바로 그때 예술은 사라지고 철학으로 지향된다. 그런데 이 주장은 낭시의 주장이 아니다. 낭시가 요약한 헤겔의 주장이다. 낭시는 헤겔의 주장을 비판한다. 헤겔의 주장은 틀렸다. 예술은 진리 때문에 제거되는 것이 아니다. 왜냐하면 숭고가 그 반대를 보여주기 때문이다.

예술은 제거되는 것이 아니다. 예술은 어떤 의미에서 반드시 있어야 한다. 그것을 숭고가 보여준다. 그런데 숭고에 의해 예술이 존재한다는 이 주장은 어떤 의미인가?

예술은 무엇인가 제시한다. 그것은 구상력, 즉 상상력의 한계에서 나타나는 것이다. 그것은 무를 제시하는 것이다. 달리 이야기해서 아무것도 제시하지 않는 것이다. 제시 불가능한 것, 혹은 제시 불가능하다는 것을 제시하는 것이다. 이러한 제시는 경계를 제시하는 것이며, 그것을 감각하게 하는 것이다. 그것은 선물이며 봉헌이다. 그것은 경계의 안과 밖을 사유하도록 한다.

다음 두 주장이 구분되어야 한다.

(가) 아무것도 제시하지 않는다.
(나) 표현 불가능한 것을 제시한다.

무를 제시한다는 것은 말 그대로 아무것도 제시하지 않는다는 말이다. 그러나 표현 불가능한 것을 제시하는 것은 아무것도 제시하지 않는 것을 의미하지 않는다. 낭시는 다음처럼 말한다.

"염두에 두어야 할 점은 제시는 과연 일어나지만, 그러나 그것이 아무것도 제시하지 않는다는 사실이다. 순수한 제시, 제시 그 자체의 제시, 혹은 총체성의 제시는 아무것도 제시하지 않는다. 굳이 어떤 어휘를 사용해 표현하라면, 그 제시는 무를 제시한다고 말할 수 있으리라. 또 다른 어휘를 사용하자면, 그것이 제시 불가능함을 제시한다고도 말할 수 있으리라. 칸트 자신도 천재는 '이름 붙일 수 없는 것을 표현하고 전달한다'고 기술하지 않았는가. 이름 없는 것이 호명되고, 표현할 수 없는 것이 전달된다. 한계에서 모든 것이 제시된다. 그러나 결론을 내리자면, 모든 것이 완결되는 동시에 모든 것이 시작되는 바로 이 경계의 문제를 다룰 때는, 제시로부터 제시라는 명칭을 떼어내야 마땅할 것이다."

낭시는 무를 제시하는 것을 순수한 제시라고 말한다. 그러나 '순수한' 제시라는 것은 오히려 어떤 이질적인 것이 개입하지 않는 것에 대한 제시라는 의미일 것이다. 마찬가지로 무를 제시한다는 것은 총체성을 제시한다는 것과 동일한 의미가 아니다. 오히려 칸트에 의하면 숭고는 너무나 크고 압도적이기 때문에 우리의 상상력이 감당할 수 없는 그런 것에 대한 제시이다. 칸트가 말한다.

"기발하게 높이 솟아 있어 마치 우리를 위협하는 것 같은 암석, 천둥번개 소리와 함께 몰려오는 하늘 높이 솟아오른 먹구름, 온통 파괴력을 보이는 화산, 폐허를 남기고 가는 태풍, 파도가 치솟는 끝없는 대양, 힘차게 흘러내리는 높은 폭포와 같은 것 들은 우리의 저항하는 능력을, 그것들의 위력과 비교할 때, 보잘 것 없이 작은 것으로 만든다. 그러나 우리가 안전한 곳에 있기만 하다면 그런 것들의 광경은 두려우면 두려울수록 더욱 더 우리 마음을 끌 뿐이다. 우리가 이러한 대상들을 기꺼이 숭고하다고 부르는 것은, 그것들이 영혼의 힘을 일상적인 보통 수준 이상으로 높여주고, 우리로 하여금 자연의 외견상의 절대 권력에 도전할 수 있는 용기를 주는 전혀 다른 종류의 저항하는 능력을 우리 안에서 들춰내 주기 때문이다."

이것이 칸트가 말하는 역학적 숭고, 혹은 동적 숭고이다. 우리를 두렵게 만드는 압도적으로 크고 거대한 것, 그런 것에 대한 감상에서 우리는 숭고를 느낀다. 이 압도적으로 크고, 절대적으로 혹은 단적으로 큰 것, 이 전체성과 총체성이 바로 숭고가 우리에게 보여주는 것이다. 이는 낭시가 주장하듯 아무것도 제시하지 않는 것이 아니다.

(나) 예술은 표현 불가능한 것을 제시한다.
(다) 예술은 표현 가능한 것들의 한계를 제시한다.

예술이 표현 불가능한 것을 제시한다. 그러나 예술이 표현 불가능한 것을 표현한다는 것은 역설적이다. 오히려 예술은 우리가 상상할 수 있는 것의 한계를 보여준다. 따라서 예술은 우리가 상상할 수 있는 것, 즉 감성적으로 표현 가능한 것들의 한계를 보여준다고 해야 한다.

우리의 상상력에는 한계가 있다. 그러나 이것이 상상력

이 무를 제시한다는 것과 동일한 의미는 아니다. 직접적으로 무를 제시하고, 아무것도 제시하지 않는 제시를 하고, 따라서 제시 불가능한 것을 제시한다는 것은 공허한 말장난이며, 헛소리일 뿐이다.

10

부재의 존재

　도서관에서 빌려 온 데리다에 대한 책에 여러 '흔적'이 있다. 책을 대출했던 어떤 이가 스스로 중요하다고 생각하는 구절에 자를 대고 반듯하게 줄을 그어 놓았다. 다행스러운 것은 그 줄이 연필로 그어져 있다는 것이다. 아마도 여러 사람이 대출했던 모양인데, 어떤 구절엔 파란 볼펜으로 표시해 놓은 흔적도 있다. 더욱 다행인 것은 파란 볼펜의 표시 자국이 그렇게 많이 보이지 않는다는 것이다. 반면에 자를 대고 정갈하게 줄을 그어 놓은 대출자는 책의 핵심 부분들을 거의 다 읽고 여러 군데 줄을 그어 놓았다. 그 대출자가 별표까지 쳐 놓은 부분이 이렇게 말하고 있다.

"서구 지성을 대표한다는 자들이 데리다를 비판하는 이유는 지엽적으로는 미국과 영국의 건국이념과 이데올로기의 토대가 되었던 벤저민 프랭클린 류의 실용주의, 그리고 경험주의와 공리주의, 더 넓게는 서구의 정신적 근간이 되고 있는 신학과 형이상학을 데리다가 훼파하고 있다고 생각하기 때문이다. 신학과 공모관계에 있는 구조주의가 주장하는 중심이라는 것이 사실은 중심이 아니라, 공空이라고 데리다가 주장하기 때문이다."

데리다는 서구 정신의 핵심을 공박하고 있다. 그는 그 중심을 공박하면서 그 중심이 바로 공空임을 말한다. 이런 의미에서 데리다는 동양적이다. 반면에 "서양이 공, 즉 뻥 뚫린 구멍hole에, …(중략)… 현실을 개선하고 삶을 풍요롭게 하는 데 아무런 도움이 되지 못하는 공에 공을 들이는 것은 어리석은 짓이라고 생각한다."

벤자민 프랭클린 류의 실용주의는 무엇을 의미하는가? 돈을 많이 버는 것이 곧 신의 소명이라는 주장을 의미하는가? 아니면 돈을 버는 것 밑바닥에는 근검과 성실의 청교도 정신이 있다는 것을 의미하는가? 내가 갖고 있는 칸트적 성향은 경험주의와 공리주의를 거부하게 만든다. 그러나 칸트는 여전히 서양적이다.

부재의 존재

동양적이라고 표현된 공空이나 무無에 대한 이야기는 어떤가? 나는 그것이 문학적으로는 자유로운 상상력을 자극하지만, 철학적으로는 진짜 공허한 담론이라고 생각한다.

무가 무엇인가? 하이데거가 이 질문을 던지는 동기 중의 하나는 그가 실증과학을 싫어하기 때문이다. 그렇다면 그냥 실증적 과학을 직접적으로 비판하라. 유有가 아닌 무無를 바라보라는 것은 무슨 의미인가? 눈에 보이는 것 대신 눈에 보이지 않는 것을 주목하라. 그렇다고 눈에 보이지 않는 것을 무無라고 표현할 이유는 없다.

존재가 무엇인가? 그것은 술어가 아니다. 존재한다는 것은 콰인이 지적하듯 바로 속박 변항, 즉 x의 값이다. 따라서 F인 x가 적어도 하나 존재한다는 주장이 참이라면, 그 x가 존재한다고 말할 수 있다. 무란 무엇인가? 그것은 없다는 것이다. 혹은 그것은 부재한다는 것이다. 따라서 F인 x가 적어도 하나 존재한다는 것이 거짓이라면, 그 x는 없다. 이것을 기호로 이렇게 표현할 수 있다. "$\sim(\exists x)Fx$" 즉 F인 x가 없다. F인 x가 있다는 것은 거짓이다.

"현존하는 것은 존재라고 말할 수 없다. 그러나 그것은 또한 존재가 아니라고 단정할 수도 없는 모호한 것이다. 그것이 유령이다. 현존하는 것도 부재하는 것도 아니기에 존재의 부재와 더불어 부재의 존재를 지칭한다."

　그것이 현존한다. 따라서 그것은 존재한다. 그런데 왜 존재하지 않는다고 주장하는가? 그 현존하는 것이 영원한 것이 아니거나 그 자체 존재하는 것이 아니기 때문이다. 그렇다면 그 현존하는 것은 영원히 혹은 항상되게 존재하지 않는다고 해야 한다. 따라서 그것은 항상되게 존재하지 않는다. 즉 그것은 항상되지 않게 존재한다. 존재하는 경우와 존재하지 않는 경우를 정확하게 수식해주지 않으면 바로 엉터리 문장이 된다. 즉 그것은 존재하는 동시에 존재하지 않는 것이다. 이런 모순 문장을 기초로 해서 그것이 '존재의 부재'와 '부재의 존재'를 보여준다고 '말장난'하게 된다. 이 말장난이 우리 사유를 확대해주는가? '부재의 존재'라는 말은 그냥 '없다'는 뜻이다.

　"다소 말장난 같지만 나는 한국에서 '민족'이라는 상징적 기표가 '부재의 존재'라는 '민족주의'의 역설을 드러내 보인다고 생각한다. 한국문화는 그 기원에 부재함으로써 존재하는 '민족'을 놓음으로써 '가족-민족 로망스'의 원칙에 따라 작동한다는 특징이 있다."

　그렇다. 이는 말장난이다. "한국문화에서 '민족'은 존재하는 것이 아니라 부재하기 때문에 상징적으로 더욱 강력한 것이다." '부재'라는 말에 집착하지 말라. '민족'이라는 개념이 당위 개념이며 이상적 개념이라고 이야기하라. 따라서 그것은 우리가 추구해야 할 강력한 목적이다. 부재하는 것이 부재함에도 불구하고 강하게 작용해서 부재의 존재라는 역설을 보여준다고 사유하지 말고, 그것이 하나의 이상이었다고 평범하게 말하라.

11
존재와 무

우리는 존재하지 않는 것에 대해 사유할 수 없다. 따라서 무無에 관해 사유할 수 없다. 무에 관해 사유할 수 있기 위해서는 무가 존재해야 하기 때문이다. 이것이 파르메니데스의 주장이다.

러셀은 이 주장을 받아들인다. 러셀은 헤겔의 관념론을 비판하기 위해 이런 극단적 실재론을 주장한다. 우리가 '황금산'에 대해서 생각할 수 있다면, 황금산은 반드시 존재해야 한다. 즉 우리 사유의 대상은 모두 존재한다. 마이농A. Meinong도 이런 주장을 한다. 그의 이론을 '대상이론'이라고 한다. 사유의 대상은 존재해야 한다. 그래야만 우리 사유가 가능하다.

무는 없다. 그러나 무에 대해 생각하기 위해 무는 있어야 한다. 즉 무가 있다. 따라서 무는 없는 동시에 있다. 이것이 모순이다. 즉 p이면서 ~p이다.

모순을 피해야 한다. 왜 그래야만 하는가? 모순은 바로 우리 사유나 정신이 미쳤다는 것을 보여주는 징표이기 때문이다. 모순을 범한다는 것은 더 이상 우리가 최소한의 의미로도 이성적 존재가 아니라는 것이다.

하이데거는 존재자와 존재를 구분한다. 우리가 보는 사물들은 존재자이다. 이러한 존재자들을 가능하게 하는 어떤 것, 그것이 말하자면 존재이다. 하이데거는 서양철학이 존재자에만 집중해왔다고 비판한다. 그 결과 매우 중요한 존재가 망각되었다. 이제 이 망각된 존재를 다시 불러내야 한다. 따라서 우리는 존재자가 아니라, 존재가 무엇인지 물어야 한다. 존재에 대한 물음, 그것이 중요하다. 그런데 존재는 존재자가 아니다. 존재자의 관점에서 본다면 존재는 무이다. 이런 의미에서 존재를 생각한다는 것은 무를 생각하는 것이다.

"우리는 존재에 대한 사유의 바깥으로 무를 몰아내는 순간 바로 그 사실 때문에 이미 무를 사유하고 있는 것은 아닌가? 그렇다면 존재하는 것을 사유하는 일은 무를 사유하는 일과 떼어놓고 생각할 수 없는 일이 아닌가?"

존재에 대한 사유라기보다는 존재자에 대한 사유다. 존재자에 대한 사유 바깥에 있는 것이 무엇인가? 하이데거는 그것이 존재라고 이야기한다. 그것은 존재자에 비교하면 무와 같다. 이런 의미에서 존재, 즉 유有는 무無다. 유가 무라고 주장하면 바로 모순이 된다. 그러나 "존재는 존재자의 관점에서는 없는 것, 즉 존재자가 아니다"라고 요약하면 모순이 나타나지 않는다.

모순이 나타나지 않도록 문장을 고쳐 쓰는 것에 반대하면서 모순을 고집하는 어떤 경향이 있다. 나는 그러한 경향을 비트겐슈타인이 말한 철학적 질병을 앓는 것이라 생각한다. 그렇게 사용하고 싶다면 그것이 일종의 비유, 혹은 수사학적 장치라는 것을 염두에 두라. "유는 곧 무다." 도대체 왜 이런 주장을 하는 것인가?

존재는 혹은 무는, 존재자들에 대한 가능 근거, 혹은 가능 조건이다. 그것 덕분에 비로소 존재자들이 가능할 수 있다. 그런데 그 존재가 무엇이란 말인가? 우리는 이미 존재 이해를 하고 있다. 현존재인 우리로부터 우리를 가능하게 만드는 그 조건들을 탐색하면 된다. 아니다. 그래 보았자 우리의 시각, 인간주의적 시각으로부터 벗어날 수 없다. 이제 존재가 우리에게 와야 한다.

존재는 우리를 통해 그 자신을 드러낸다. 그 드러냄을 보이는 일이 바로 철학의 일이다.

'그것은 존재한다'는 문장과 '그것은 어떤 속성을 가지고 있다'는 문장, 가령 '그것은 현명하다'는 문장은 서로 다르다. 즉 존재는 속성이 아니다. 존재는 칸트가 말한 것처럼 술어가 아니다. 존재는 존재 양화사이다. 없는 것, 무는 주어 자리에 올 수 없다. 진정한 이름만이 주어 자리에 올 수 있다. 따라서 무가 존재한다는 문장은 "$\sim(\exists x)Fx$"이다. 즉 F인 x가 있다는 것은 거짓이다.

신은 존재하지 않는다. 이 문장을 참이라고 해보자. 즉 신은 존재하지 않는다. 신은 없다. 그런데 우리는 없는 대상에 관해 사유하거나 말할 수 없다. 따라서 그 존재를 부정 당하는 신은 존재해야 한다. 이것이 바로 비존재에 대해 참인 주장이 어떻게 가능할 수 있는가 하는 오랜 수수께끼이다.

신은 존재하지 않는다. 이 문장은 다음처럼 표기할 수 있다. ~(∃x)Gx 즉 신인 x가 존재한다는 것이 거짓이라는 표현이다. 만약 그 신이 유일신이라면 다음과 같이 표현할 수 있다. ~(∃x)Gx&(∀x)〔Gy→(x=y)〕 즉 신인 x가 딱 하나 존재한다는 것은 거짓이라는 말이다.

이 문장을 주장하기 위해서는 더 이상 신의 존재가 요구되지 않는다. 왜냐하면 이제 그것은 주어가 아니기 때문이다. 이렇게 무나 비존재에 대한 수수께끼를 해결할 수 있다.

러셀이 보여준 이러한 분석에 감명을 받으면 소위 분석철학을 하는 것이다. 반면에 하이데거가 보여준 존재의 드러남에 대해 공감 한다면, 하이데거에 대한 철학, 하이데거가 생각하는 형이상학을 하는 것이다.

그런데 분명치가 않다. 존재하는 것들, 즉 존재자에 대한 근거를 찾는 일은 존재자에 대한 원인을 찾는 것과 구분되는가?

12
비트겐슈타인과 하이데거

하이데거가 한 세미나에서 말한다.

"비트겐슈타인이 다음과 같이 말했다. 우리 사유에 대한 어려움은 방 밖으로 나가고 싶은 어떤 사람에 비유될 수 있다. 처음에 그는 창문을 통해 나가려 한다. 그러나 창문이 너무 높이 달려 있다. 다음에 그는 굴뚝으로 나가려 한다. 그러나 굴뚝이 너무 좁다. 하지만 그가 주위를 찬찬히 둘러보았더라면, 현관문이 계속 열려 있었음을 알아챘을 것이다."

이 이야기는 비트겐슈타인을 회상하는 말콤의 글에 실려 있다. 말콤은 이 주장이 비트겐슈타인의 『철학적 탐구』의 몇몇 구절들과 관련돼 있다고 지적한다.

"철학적 문제들은 새로운 경험의 제시가 아니라, 오래전부터 우리에게 친숙한 것들을 나란히 놓음으로써 풀린다."

철학에 대한 비트겐슈타인의 이러한 생각은 결코 변화되지 않은 채 주장된다. 철학은 어떤 새로운 진리를 우리에게 주지 않는다. 철학이 주는 어떤 통찰이 있다면 그것은 이미 우리가 알고 있는 것을 다시 상기시켜주는 것이다.

"철학자의 작업은 어떤 특정한 목적을 위하여 기억들을 수집하는 일이다."

우리가 망각하고 있었던 것, 우리는 그것을 기억하거나 다시 상기해야 한다.

"우리가 우리의 연구를 통해 어떤 새로운 것도 배우길 원하지 않는다는 것이 우리 연구에 있어 본질적이다. 우리는 이미 우리 눈앞에 명백히 놓여 있는 어떤 것을 이해하길 원한다. 왜냐하면 어떤 의미에서는 우리가 그것을 이해하지 못하고 있는 것처럼 보이기 때문이다."

여하튼 그것은 우리 눈앞에 있다. 따라서 그것은 감추어져 있지 않다. 그럼에도 우리는 그것을 무시한다.

"실제로 우리가 제공하는 것은 인간 자연사에 대한 소견들이다. 우리는 어떤 호기심에 공헌하지 않는다. 그보다는 오히려 아무도 의심하지 않는 관찰, 항상 우리 눈앞에 있다는 이유에서 사라져버리는 그런 관찰들에 공헌하는 것이다."

이 구절은 『철학적 탐구』뿐만 아니라, 『수학의 기초에 관한 고찰』에도 실려 있다. 우리 눈앞에 항상 있었던 것, 비트겐슈타인은 그것이 인간 자연사에 대한 것이라고 말한다. "명령하기, 질문하기, 이야기하기, 잡담하기는 걷기, 먹기, 마시기, 놀기처럼 우리의 자연사에 속한다." 언어를 말한다는 것은 걷는 것과 마찬가지로 우리에게 아주 자연스러운 것이다. 우리가 이것을 잊고 있다는 말인가?

전기 비트겐슈타인과 후기 비트겐슈타인에 공통적으로 나타나는 독특한 주장이 있다. 우리의 언어가 이미 논리적으로 제 질서를 갖고 있다는 주장이 바로 그것이다. 그가『논리철학논고』에서 말한다. "우리 일상언어의 모든 명제는 완전한 논리적 질서 속에 있다." 기호적 표기법을 이야기하는『논리철학논고』가 일상언어를 이야기하는 것이 이상해 보일 수 있지만, 비트겐슈타인은 언제나 우리의 단 하나의 언어에 대해 이야기한다. 그런 언어, 즉 그림 언어는 논리적으로 이미 완전한 질서를 갖고 있다. 따라서 러셀처럼 우리 언어를 이상적으로, 혹은 논리적으로 구성할 필요는 없다.

『철학적 탐구』에서는 다음과 같이 이야기한다. "우리 언어의 모든 문장은 이미 있는 그대로 질서 속에 있다." 언어가 갖고 있는 이러한 질서가 바로 우리 앞에 열려 있는 현관문이다. 우리는 이것을 망각하곤 한다. 우리가 상기해야 할 것이 바로 이것이다.

"아우구스티누스는 다음과 같이 말한다. '시간이란 무엇인가? 아무도 나에게 묻지 않으면 나는 그것을 안다. 그 물음을 설명하려고 하면, 나는 그것을 알지 못한다.' – 자연과학적 물음에 대해서 우리는 이렇게 말할 수 없을 것이다. 아무도 우리에게 묻지 않으면 알지만, 우리가 그것을 설명하려고 들면 더 이상 알지 못하는 것, 바로 그것이 우리들이 상기해내야 하는 어떤 것이다. 그리고 어떤 이유에서는 명백히 그것은 우리들이 상기해내기 어려운 것이기도 하다."

"우리의 탐구는 현상들에 맞추어져 있지 않고, 현상들의 '가능성들'이라고 말해질 수 있을 것에 맞추어져 있다. 즉 우리는 우리가 현상들에 관해서 행하는 진술들의 종류를 상기해낸다."

철학적 혼동에서 벗어나기 위해 현관문이 열려 있었음을 다시 상기하는 일이 필요하다. 상기하기 어려운 것을 상기해야 하는 일은 철학적 질문, 가령 "시간은 무엇인가?"라는 질문을 설명하기 위해 필요하다. 그러나 이런 질문은 사실 언어의 논리를 오용하기 때문에 일어난다고 이야기할 수 있다.

우리가 상기해야 할 것은 바로 현상들에 대한, 다양한 종류의 진술들이다. 이러한 진술들은 그러나 철학적 진술들이 아니라고 비트겐슈타인은 지적한다.

무엇을 상기해야 하는가? 현상에 대해 말하는, 현상들의 가능성에 맞춰져 있는 다양한 진술들을 상기해야 한다. 특히 카벨S. Cavell은 이 구절에 나타나는 "현상들의 가능성"과 비트겐슈타인의 문법적 탐구를 칸트의 선험론적 지식에 연관짓고 있다.

칸트는 선험론적 지식에 대해 다음과 같이 말한다.

"나는 이 자리에서 앞으로의 모든 고찰에 영향을 미치고, 그런 만큼 사람들이 유념해야 하는 하나의 주의를 준다. 곧 선험적인 모든 인식이 아니라, 단지 그것들에 의해 어떤 표상들이 (직관이든 개념이든) 오로지 선험적으로 적용된다거나 또는 선험적으로 가능하다는 사실, 그리고 어떻게 해서 그러한가를 우리가 인식하는, 그런 선험적 인식을 초월적(다시 말해, 인식을 가능하게 함 내지는 인식을 선험적으로 사용함)이라고 일컬어야 한다는 것이다. 그러니까 공간도, 공간의 어떠한 선험적인 기하학적 규정도 초월적 표상이 아니고, 이런 표상들은 전혀 경험에 근원을 두고 있지 않다는 인식과, 그러면서도 이 표상들은 경험의 대상들과 선험적으로 관계 맺을 수 있다는 가능성만이 초월적이라고 일컬어질 수 있다."

칸트의 책을 읽다 보면 칸트가 글을 참 못 쓰는 생각이

든다. 번역도 좀 끊어서 우리말 문장에 가깝게 한다면 칸트의 사유를 더 잘 이해할 수 있을 것이라는 생각이 든다.

칸트는 우리에게 아주 중요한 주의를 주겠다고 말한다. 그것이 바로 '초월적'이라고 번역된 선험론적transcendental 지식에 대한 것이다. 초월적 지식, 내가 '선험론적'이라고 번역하는 이 지식은 선험적a priori, 즉 경험 독립적이다. 그러나 모든 경험 독립적 지식, 즉 칸트의 표현에 의하면 경험에 근원을 두고 있지 않은 지식, 혹은 그 지식이 경험에 독립되어 정당화되는 지식이 다 선험론적인 것은 아니다. 어떤 선험적 지식만이 초월적, 혹은 선험론적 지식이다. 여기에서 칸트는 기하학을 예로 들고 있다. 기하학은 경험에 근거하지 않는다. 따라서 기학학적 지식은 선험적이다. 그러나 어떤 기학학적 지식은 선험적일 뿐만 아니라, 경험적 대상과 선험적으로, 즉 경험 독립적으로 관계 맺을 가능성을 준다. 이렇게 경험의 대상과 관계를 맺을 가능성, 즉 경험 대상을 구성할 수 있는 가능성을 주는 선험적 지식이 바로 선험론적 지식이다.

카벨은 칸트의 이런 선험론적 지식을 비트겐슈타인이 주장하는 문법적 지식에 대비시킨다. 후기 비트겐슈타인은 자기의 철학적 탐구를 '문법적 탐구'라고 부른다.

"우리의 탐구는 문법적 탐구다. 우리의 탐구는 문제에

대한 우리의 오해를 제거함으로써 우리 문제에 빛을 준다. 단어의 사용에 대한 오해는 서로 다른 영역에 있는 표현들의 유사성 때문에 일어난다. 그러한 오해는 한 형태의 표현을 다른 형태로 대체함으로써 제거할 수 있다. 이것을 표현 형식에 대한 '분석'이라고 할 수 있다. 그러한 과정은 사물을 분해하는 것과 유사하다."

칸트의 선험론적 탐구가 경험을 가능하게 하는, 혹은 경험을 구성하는 어떤 규칙들을 해명하는 것이라면, 비트겐슈타인의 문법적 탐구는 철학적 오해를 제거하는 작업이다. 이러한 오해가 언어 사용의 오해, 또는 우리 언어 사용을 가능하게 하는 규칙들, 즉 문법들에 대한 오해로부터 나오는 것이라면, 오해를 제거한다는 것은 언어 사용을 가능하게 하는 선험론적 규칙들을 해명하는 것이다. 이러한 규칙들이 우리에게 이미 주어져 있다. 그러나 우리는 그것을 망각한다.

우리가 하는 다양한 종류의 진술들을 고찰하라. 그럼으로써 우리는 그러한 진술들의 유사성과 차이성에 대해 알게 되며, 언어 표현들의 유사성으로부터 생겨나는 오해들을 제거할 수 있게 된다. 이것이 바로 오해들을 제거하는 문법적 탐구다. 이 점에서 본다면, 우리 앞에 열려 있는 현관문은, 바로 우리가 다양한 종류의 진술들을 한다는 것, 그리고 우리가 그것을 상기해야 한다는 것을 의미한다.

우리는 다양한 종류의 진술을 한다. 비트겐슈타인의 독특한 사유, 즉 "우리 언어의 모든 문장은 그대로 제 질서에 있다"는 것이 우리 앞에 열려 있는 현관문, 우리가 상기해야 하는 것이다.

13
계보학적 사유

니체가 말한다.

"우리는 원칙적으로 다음과 같이 주장하고 싶어진다. 즉 가장 잘못된 판단(선험적 종합판단이 이러한 잘못된 판단에 속한다.)이야말로 우리 인간에게 가장 필요 불가결한 것이며, 논리적 허구의 승인 없이는, 순수하게 고안된 절대자, 자기 동일자의 세계에 기준해서 현실을 측정하지 않고는, 수數에 의해 세계를 부단히 위조하지 않고서는 살아갈 수 없을 것이다. 잘못된 판단을 포기하는 것은 삶을 포기하는 일이며, 삶을 부정하는 것이리라. 삶의 조건으로서 비진리를 용인하는 것, 이것이야말로 위험한 방식으로 습관화된 가치감정에 저항하는 것을 의미한다."(『선악의 저편』)

우리에게는 잘못된 판단이 필요하며, 우리는 그것을 거부할 수 없다. 니체는 칸트의 선험적 종합판단, 혹은 선천적 종합판단을 잘못된 판단이라고 지적한다. 그런데 왜 그것이 잘못된 판단이란 말인가? 필연성과 보편성을 지닌 수학적 명제나 인과율의 명제가 잘못된 판단이라고 이야기할 수 있는 근거는 무엇인가?

"니체에 따르면 칸트의 선험적 종합판단과 관련해서도 우리에게 이러한 선험적 종합판단이 가능한지의 문제보다는 우리가 왜 이러한 선험적 종합판단을 믿어야 하는지의 문제를 생각해보는 것이 보다 '계몽된' 지성의 모습이라는 것이다. '이제 마침내 선험적 종합판단이 가능한가' 라는 칸트의 물음을 '왜 그러한 판단에 대한 물음이 필요한가' 라는 다른 물음으로 바꿔야만 할 시기가 왔다. 즉 우리 같은 종의 존재를 보존하기 위해 그러한 판단을 참이라고 믿어야만 한다는 사실, 그리고 그 판단이 왜 당연하게도 잘못된 판단이 될 수 있는지를 파악해야 하는 시기가 왔다. 더 분명하게 근본적으로 말해서, 선험적 종합판단은 전혀 가능한 것이 될 수 없다. 우리에게는 그러한 판단을 주장할 권리가 없다. 우리의 입으로 말하자면 그것은 단지 잘못된 판단일 뿐이다. 물론 삶의 관점주의적 시각에 속하는 하나의 표면적 믿음이나 외관으로써는 그 판단의 진리에 대한 믿음이 필요하다."

(누구의 글을 인용했는지 아무리 찾아봐도 모르겠다. 그런데 이 글의 첫 문장 이후에 오는 문장들은 이 글을 쓴 저자의 글이 아니라, 바로 니체가 『선악의 저편』에서 쓴 글이다. 이런 방식으로 글을 쓰면 안 된다. 어디까지가 내 말이고, 어디까지가 인용된 것인지 밝혀주어야 한다.)

무엇을 이야기하고 있는가? (i)선험적 종합판단이 어떻게 가능한가라는 물음보다 더욱 중요한 것은 왜 그러한 판단에 대한 물음이 필요한가라는 것이다. (ii)그러한 판단은 우리 인간 종의 보존을 위해 필요하다. (iii)선험적 종합판단은 결코 가능하지 않다. 우리에게는 그것을 주장할 권리가 없다. 그것은 잘못된 판단이다.

선험적 종합판단이 어째서 잘못된 판단인가? 이 논문은 그것을 해명하거나 니체의 관점에서 그 근거를 마련해주기보다는 오히려 니체의 말을 그대로 답습하고 있다. 이게 바로 가장 부정적인 철학함의 한 모습일 것이다. 어떤 의미에서 이는 철학하는 것도 아니다. 칸트를 비판하는 니체의 언명들을 자세히 정당화하거나 비판하는 대신 그저 병렬적으로 나열하는 것, 그러한 작업은 단지 자료 수집에 지나지 않는다.

선험적 종합판단의 가능성을 묻는 질문이 왜 필요한가? 지식에 대한 우리의 권리 근거를 마련하기 위해서 그렇다. 과학적 필연성과 보편성이 분석판단이나 종합판단이라는 구분으로는 해명되지 않기 때문에 그렇다. 선험적, 선천적 혹은 경험 독립적인 것 들 중에서 경험과 긴밀한 관계를 맺는 것이 있기 때문에 그렇다. 또한 그것은 세계와 인간에 대해 철학이, 형이상학이 헛소리를 하기 때문에 그렇다. 그러한 판단들이 인간 종의 보존을 위해 필요할 수도 있겠지만, 그보다는 보존된 인간 종의 지식과 사유를 정당화하기 위한 권리 근거를 마련하기 위해 필요하다. 칸트가 그런 질문을 던진 이유는 불가능한 것을 가능하다고 주장하기 위함이 아니며 오히려 이미 작용하고 있는 것들의 권리 근거를 마련하기 위해서라고 할 수 있다.

"칸트는 인간에게 존재하는 새로운 능력, 선험적 종합

판단의 능력을 발견했다는 사실에 어떤 긍지를 가지고 있었다. 이 점에서 그가 자신을 기만했다 가정하더라도, 독일철학의 발전과 개화는 이러한 긍지와 아마 더 자랑할 만한 것을 -어쨌든 새로운 능력을- 발견하려는 모든 젊은이의 경쟁심에 달린 것이다. 그러나 잘 생각해보자. 지금이 그때다. 칸트는 어떻게 선험적 종합판단이 가능한가라고 자문했다. 그리고 그의 대답은 무엇이었는가? 유감스럽게도 '하나의 능력에 의해서'라고 세 단어로 간략히 대답하지 않고 까다롭고 기품 있게 그리고 독일식의 심오한 감각과 미사여구의 감각을 소모하면서 대답하였기 때문에, 사람들은 그 대답 속에 숨겨진 우스꽝스러운 독일식 우직함을 귀담아듣지 않았던 것이다."(『선악의 저편』)

니체에 의하면 칸트가 던진 물음과 그 답변은 간단하다. 어떻게 선험적 종합판단이 가능한가? 그것은 하나의 능력에 의해 가능하다. 니체의 지적이 맞다. 간결하게 말해보면 지성의 능력 때문이다. 그러나 이 지성의 능력이란 무엇인가? 그런 능력은 어떻게 가능한가? 그 지성의 능력은 감성의 능력과 어떤 관련성을 맺고 있는가? 그 능력은 이성, 혹은 순수한 이성의 능력과는 어떻게 다른 것인가? 그 능력은 상상력과 어떤 관련을 맺고 있고, 논리적인 것과는 어떤 관련성을 맺고 있는가? 그러나 이러한 질문은 부질없다. 왜냐하면 어쨌든 칸트가 틀렸기 때문이다.

그러나 왜 그가 틀렸다고 하는가? 분명한 것은 그가 틀렸다면, 그 틀린 것이 마치 맞는 것처럼 행세하게 된 계보를, 족보를 찾아 그것을 해체해야 한다는 것이다. 물론 계보와 족보를 찾는 일은 칸트의 지적처럼 어떤 권리에 대한 경험적 연역을 통해 가능할 수도 있겠지만, 그런 경우는 법적 분쟁을 제외하면 호사가의 취미 활동에 지나지 않을 것이다. 오히려 진정한 계보와 족보 찾기는 틀린 것을, 정당하지 않은 것을 마치 정당한 것처럼 믿고 있는 우리 사유 방식을 폭로하고 해체하기 위해 적절할 것이다. 따라서 이러한 방법의 정당성은 역설적으로 우리가 의존하고 있는 모든 것이 잘못되고 왜곡됐다고 주장할 때 그 힘을 발휘한다. 아마 이 계보학이 한 개인의 심리상태를 분석하고 해명할 때는 심리학, 혹은 정신분석의 모습과 유사하게 될 것이며, 한 사회의 제도적 상태를 분석하고 해명할 때는 역사적인 발생조건들과 그 변모를 추구하는 역사적 혹은 고고학적 작업과 유사하게 될 것이다.

분명 칸트는 이러한 작업이 철학을 대체하는 상황을 좋아하지 않았다. 그것이 그가 로크의 철학을 단지 생리학에 불과하다고 비판한 이유다. 이는 동시에 철학이 심리학적 작업이 될 수 없는 이유이기도 하다. 철학은 역사적 발생 과정을 추적하거나 그를 통해 허구를 폭로하는 작업이 아니다. 오히려 철학은, 현대적 개념으로 말하자면 주요한 개념들을 분석하는 작업이다. 가령 경험적 지식의 개념과 경험적 대상의 개념이 어떻게 가능할 수 있는지를 개념적으로 분석하는 작업이 철학이다. 이것이 중요한가? 그렇다. 우리가 개념적 존재인 한에서, 셀라스의 표현처럼 우리가 태어나는 곳이 이성의 논리적 공간인 한에서 그 작업은 매우 중요하다.

14
모순

구멍 없는 피리를 불고
줄 없는 거문고 탄다.
이 곡조 알아듣는 사람 없다.
야당夜塘에 비 지나고 가을 물만 깊어간다.

구멍이 없는 피리를 불 수 있는가? 아니, 구멍이 막힌 피리가 피리인가? 줄이 없는 거문고를 탈 수 있는가? 이런 모순적이며 역설적인 표현을 사용하는 것이 바로 그가 어떤 경지에 올랐음을 보여주는 증거인가? 나는 아니라고 생각한다. 나는 그것이 사기라고 생각한다. 그 이유는 이런 종류의 시에 어떤 정형적 패턴이 발견되기 때문이다. 모순적 장면을 서술한다. 그리고 짐짓 거만하게 한마디 한다. 그리고는 침묵의 풍경을 서술한다. 그가 진짜 진실한 무엇을 우리에게 지적하고 싶었다면, 우선 이런 패턴부터 깼어야 할 것이다. 너는 그 곡조를 알아듣는가? 그러나 아무런 소리도 들리지 않는다.

내가 느끼는 감정조차 철저하게 그 근거를 물어야 한다. 그리고 그것을 설명하거나 해설하지 말고, 하나의 이미지로 보여줘야 한다.

그의 시를 읽는데 도대체 무슨 소리인지 모르겠다. 평론가들이 어떻게 해설하고 있는지 찾아본다. 그런데 이 시에 대한 해설만 없다. 우리가 이해하지 못하는, 혹은 이해할 수 있는 단서조차 남기지 않는 그런 시가 무슨 존재 의의가 있겠는가? 우리는 읽는다. 그러나 그것이 무엇을 이야기하고 있는지, 무엇을 암시하고 있는지, 무엇을 보여주고 있는지 전혀 알 수가 없다. 이런 시는 존재하지 않은 것과 마찬가지다. 그것은 '부재의 존재'가 아니라, 오히려 '존재의 비존재'

혹은 '존재의 부재'다.

아마 철학 논문도 마찬가지일 것이다. 알아들을 수 없는 소리들을 나열해 놓은 것은 아무런 소리도 없는 것과 마찬가지일 것이다.

"지금 '왜 철학을 하는가'라는 의문을 제기할 수 있다. 여전히 철학을 하는 동기, 의미 들의 틈새 속으로, 어차피 유치하다고 여겨질 순진함 속으로 또 다시 새롭게 휩쓸려 들어갈 이유로는 어떤 것이 있었을까? 이 질문은 수사학적인 것으로 보일 수 있다. 이 질문은 자기 준거적이다. 질문의 발화 자체가 사실상 발화된 문제에 대한 대답을 주기 때문이다. 또 다시 철학에 수고를 기울일 가치가 있을까 자문하는 순간, 우리는 이미 철학하기 시작한다는 뜻이다. 중단을 걱정하면서도 말해야만 하는 것이 언어 자체의 몫이라면, 각성과 생명의 몫은 그들이 우려하는 '생체 안에서의' 잠과 죽음을 부인하는 것이다. 우리는 상실의 위협 속에서 말하고 행동하고 살아가기 때문에 부재가 현존하고 현존은 부재로 인하여 움푹 꺼져 들어가는 이 악순환에서 벗어나지 못할 것이다. 나가떨어지기 위해서 말없는 소여, 결핍 없는 충만, 꿈 없는 잠을 원하는 자는 야만적인 자가 아니라고 리오타르는 말하기 때문이다. 따라서 우리는 '우리의 말로써 결핍의 현존에 대한 증언'을 피할 수 없기 때문에, 오직 그 이유만으로도 철학을 할 것이다."

지금 왜 철학을 하는가? 그것은 "우리의 말로써 결핍의 현존에 대한 증언을 피할 수 없기" 때문이다. 결핍의 현존에 대해 말하라. 이것이 철학을 하는 이유다. 그런데 '결핍의 현존'이란 무엇인가?

'결핍의 현존'이라고 어렵게 말할 필요 없다. 그냥 우리는 결핍되어 있다, 우리는 결여되어 있다고 말해도 된다. 무엇이 결여되고 있는가? 결여가 전혀 없는 충만이다. 즉 충만이 결여되어 있다. 그러나 이런 주장은 그냥 결여되어 있음을 달리 표현한 것에 지나지 않는다. 우리가 결여하고 있는 것은 "말없는 소여"와 "꿈 없는 잠"이다.

왜 분명하게 표현하는 것이 이렇게 어려운가? 우리는 죽는다. 이런 의미에서 우리에게는 영원한 생명이 결핍되어 있다. 우리는 잔다. 이런 의미에서 우리에게는 영원한 각성이, 영원히 깨어 있는 상태가 결핍되어 있다. 내가 지금 살아 있다는 점에서 죽음은 나에게 부재하고 있다. 즉 그것은 부재로서 현존하고 있다. 내가 지금 살아 있지만, 언제든지 죽을 가능성이 있다는 점에서 내 현존은 언제나 부재에 위협당하고 있다. 쉽게 표현하면 나는 죽을 가능성이 있는 존재이며, 내가 갖고 있는 모든 것은 언제나 상실될 가능성이 있다. 이러한 것들을 증언하기 위해 철학을 하는가? 아니, 그것은 철학뿐만 아니라 문학을 하는 이유도 될 것이다. 지금 왜 우리는 문학을 해야 하는가?

세상에 대한 어떤 가치 혹은 취향의 표현에 대해 공감하거나 찬동할 수 있다. 그러나 그 공감과 찬동의 정체를 다시 표현하는 것이 아니라, 그 의미와 가치를 밝혀주어야 비로소 취향의 표현은 진정한 공감의 표현으로 탈바꿈한다. 지성적 허영, 혹은 지성적 과시를 위한 도구, 그런 것이 중요한 게 아니다. 내 생각을 더 주체적으로 표현하고 정교하게 만들기 위해 필요한 것, 그것이 중요하다. 철학은 지성적 엄밀성을 추구해야 한다. 그것이 바로 소크라테스의 정신이다.

그가 말한다. "논리학은 동일성과 이타성異他性을 확연하게 쪼개는 이분법적 사유다. A와 비非A는 완전히 별개이다. 그 사이의 중간지대란 없다. 따라서 논리는 언제나 택일적이다. 이런 택일적 논리가 바로 명사적 사유다. 명사적 사유는 산은 산이고, 골짜기는 골짜기라고 여긴다. 이런 사유는 산과 골짜기가 불일이불이不一而不二, 하나도 아니고 둘도 아니라는 것을, 산과 골짜기가 상호 이중적으로 연계되어 있다는 것을 보지 못한다. 이런 명사적 사유는 개념적 사유이며, 동시에 소유적 사유이기도 하다."

"산은 산이고 골짜기는 골짜기다. 따라서 산과 골짜기는 결코 관계를 맺을 수 없다." 이 논증은 타당한가? 전제로부터 결론이 도출되는가? 전제를 참이라고 했을 때, 그로부터 결론에서도 참이 유지되는가? 혹은 전제가 참인데 결론이 거짓이 된다는 것은 결코 가능하지 않은 것인가?

산은 산이다. 그리고 골짜기는 골짜기다. 이것이 논리학에서 말하는 동일률이다. 이것을 "산이라면 산이다"라는 조건 문장으로 표현할 수도 있다. 이 조건 문장과 동치同値는 "산이거나 혹은 산이 아니다"라는 선언 문장으로 표현할 수 있다. 동시에 이것은 "산이면서 산이 아니다"라는 모순 문장에 대한 부정과 동치이다. 이 세 가지가 바로 논리학의 기본적 법칙이다. 그런데 이 법칙을 거부할 수 있는가?

산은 산이고 골짜기는 골짜기이기 때문에, 오히려 그 산은 골짜기를 갖고 있다고 말할 수 있다. 따라서 동일률을 인정해도 혹은 그것을 인정하기 때문에 서로 다른 것들이 서로 관계를 맺는다고 말할 수 있다.

논리학은 분명 이분법적 사유다. 따라서 A와 비非A는 완전히 별개이며 그 중간지대는 없다. 반면에 그 중간지대를 인정하는 대립적 개념이 '반대'이다. 가령 "친구"와 "적"은 서로 모순이 아니다. 그 중간에 친구도 아니고 적도 아닌 사람들이 존재하기 때문이다. 이런 의미에서 논리는 언제나 택일적인 원리를 기본으로 삼는다.

그러나 이것, 즉 배중률, 중간을 배제한다는 원리와 선언, "혹은"이라는 말에 대한 이해를 구분해야 한다. 논리학에서 채택하는 "혹은"은 배타적 "혹은"이 아니다. 논리학은 "나는 커피를 마시거나 차를 마신다"에서 볼 수 있듯이 두 가지를 함께 마시는 것을 허용하는 포괄적 선언을 기본적 의미로 채택한다. 따라서 "A이거나 혹은 비非A이다"는 모순이기에 배타적이지만, "A이거나 혹은 B이다"는 포괄적이다.

이런 논리적 사유는 명사적이고, 소유적, 개념적이다. 따라서 상호 연계성을 보지 못하게 가로 막는 이런 논리적 사유는 바람직하지 않다. 오히려 동사적 사유, 존재적 사유, 비개념적 사유가 더욱 중요하다.

그러나 나는 이런 주장이 비유적 수사학에 지나지 않는다고 생각한다. 더욱 심각한 건 이러한 생각이 논리적 오류에 근거하고 있다는 것이다.

이 세상은 반대편으로 열려 있다. 이 세상의 모든 것은 반대편 것과의 관계 속에서 비로소 존재한다. 따라서 동일성과 배타성을 특징으로 하는 본질을 근거로, 다른 것들로부터 격리, 구분되어 독립적으로 존재하는 사물이나 가치는 아무 것도 없다. 이것을 보여주는 것이 바로 노자의 도道이다.

친구의 반대는 적이다. 적이 없다면 친구도 불가능한가? 그렇다고 해도 모든 관계가 다 반대 관계인 것은 아니다.

음이 있어야 양이 있고, 양이 있어야 음이 있다고 해도, 세계의 모든 관계가 다 음양 관계라고 말할 수는 없다. 다른 것들로부터 격리, 구분되어 독립적으로 존재하는 사물이 바로 실체다. 어떤 의미에서 서양철학은 실체substance 탐구의 역사라고 할 정도로 실체는 중요하다. 동시에 실체에 대한 개념도 다양하다. 데카르트는 실체를, 존재하기 위해 다른 것에 의존하지 않아야 하는 자립유自立有라고 하지만, 아리스토텔레스나 칸트에게 실체는 시간과 공간 안에 있는 개별적 사물과 같은 것이다. 이러한 사물들이 다른 사물과 관계를 맺는다. 따라서 이들에게 있어 실체와 관계는 서로 배타적이지 않다.

15
언어 불신주의

 노자가 말한다. "아는 자는 말하지 않고, 말한 자는 알지 못한다." 나는 생각한다. 노자는 아는 자인가? 아니면 모르는 자인가? 분명 노자는 모르는 자다. 왜냐하면 그는 "아는 자는 말하지 않고, 말한 자는 알지 못한다"고 "말했기" 때문이다.

"아는 자는 말하지 않는다"에서 아는 자는 무엇을 말하지 않는 다는 말인가? 또 무엇에 대해 말할 수 없는 것인가? 따라서 그것에 대해 말하는 순간 이미 알지 못하게 되는 그것은 도대체 무엇인가? 이 질문에 대해 노자는 아무런 답변도 하지 않아야 할 것이다. 이야기하는 순간 그것은 그가 모른다는 것을 보여주는 증거가 되기 때문이다. 그렇지만 그는 마치 도道가 그런 것인 양 말을 하고 있다. 그의 말은 알지 못하는 소리, 즉 허공을 가르는 바람소리에 지나지 않는다.

이럼에도 왜 노자의 언명에 대해서 매력을 느끼는 것인가? 우리는 언어를 가지고 의사소통한다. 우리는 개념을 가지고 있다. 개념은 공통의 것, 일반적인 것을 저장하고 사적인 것, 개별적인 것은 제외한다. 따라서 이러한 개념은 개별적 대상에 대해 제한적이다.

이런 의미에서 우리는 우리의 개념이나 언어를 신뢰할 수 없다. 이러한 언어 불신주의를 수용한다면 그것으로부터 친숙한 몇 가지 명제들이 따라 나온다. 가령 지식이란 믿을 수 있는 것이 못 된다. 체험이나 체득이 중요하다. 개별적인 것, 특수한 것의 개별성이 중요하다.

언어 불신주의, 혹은 언어 적대주의는 '개념'에 대한 자기 나름의 이해에 의존하고 있다. 그런데 이 기본적 이해는 설득력이 있는 걸까? 쿠아Antonio S. Cua가 편역한 『중국철학 백과사전』에는 '개념'에 대한 항목이 없다. 그러나 장대년의 『중국철학의 핵심개념』에는 '개념'에 대한 설명이 있다.

거기에서 개념에 대해 다음과 같이 이야기한다. 개념은 사유의 대상이며 사유의 내용이다. 서로 다른 이름들이 동일한 개념을 표현할 수 있다. 그러나 이러한 설명은 개념이 특수한 것, 개별적인 것을 배제하고 제외한다는 주장을 어떻게 평가할 것인지에 대해서는 아무런 암시도 주지 않는다. 그러나 분명한 것은 개념이 갖고 있는 역할이 바로 일반적 사유 내용에 있다는 것이다.

일반적 사유 내용은 언제나 개별적인 것, 특수한 것을 제외하는가? 개념의 일반성과 보편성을 개념이 지닌 한계처럼 지적하면서 개념을 고유명사가 지시하는 개별적 대상과 대조시키고 있지만, 이러한 대조는 배제 관계라고 할 수 없다. 오히려 개념의 일반성과 보편성이 있어야만 비로소 그런 개별적 대상에 대한 지시, 즉 고유명사의 사용이 가능하다.

'개념'이라는 한자어의 어원분석을 통해 그 개념에 대한 이해에 도달하는 방법은 기껏해야 여러 방편 중 한 가지 방편에 지나지 않는다. 그런 어원분석은 개념의 내용에 대한 발생적 흔적은 보여줄 수 있어도, 개념의 내용에 대한 어떤 확고한 표준을 제시해주지는 않는다. 그런 어원분석보다는 오히려 그 개념을 둘러싸고 어떤 논쟁들이 있는지, 문제가 무엇인지 설명하는 편이 훨씬 '철학적'이다. 따라서 '개념'은 '파악하다'로부터 나오는 것이며, 이런 의미에서 '개념'은 대상을 장악하는 것, 대상을 지배하는 것이라는 어원분석적 사유는 철학적이지 않다.

때로 개념은 보통명사로 이해되어, 고유명사를 배제하는 것으로 파악된다. 때로 개념은 명사로 이해되어 동사적인 것과 대조되기도 한다. 때로 개념은 고정적인 것으로 이해되어, 동사적인 것, 즉 역동적인 것과 대조되기도 한다. 따라서 개념은 실제로 변화하는 역동적인 세계를 파악하는 도구가 못 된다고 여겨진다.

그러나 이런 생각을 논증으로 재구성한다면, 그 논증은 타당하지 않을 것이다. 명사와 대조되는 동사라는 것도 이미 개념이기 때문이다. 변화하는 역동적 세계조차도 우리는 개념으로 이해하고 파악할 수밖에 없다. 그렇지 않다면 그대가 하는 이야기조차 허공을 가르는 바람소리에 지나지 않을 것이다.

16
언어 적대주의

 언어는 한계를 가진다. 즉 언어는 불충분하다. 우리가 하늘에 대해 느끼고 감지하는 다양한 것들을 표현하는 불충분한 도구가 바로 언어다. 우리는 겨우 하늘이 파랗다고 말할 수 있을 뿐이다. 시와 문학을 통해 하늘을 다른 방식으로 표현하고 묘사한다 해도, 그 또한 역시 불충분하다. 내가 지니고 있는 이 느낌을 도대체 언어로 어떻게 표현할 수 있겠는가? 표현하고자 하는 것이야말로 언어도단言語道斷이며, 모순이다.

바둑을 다 배운 후에는 배울 때 봤던 책이 필요 없다. 따라서 책을 불살라버려라. 마찬가지로 불교의 진리를 체득한 후에는 불경책을 불살라버려야 한다. 말이나 글로 표현할 수 있는 것은 중요하지 않다. 그것은 피상적이다. 말이나 글로는 진정한 것, 즉 실재에 도달할 수 없다. 그것은 수단이나 도구이며, 이미 목적이 성취된다면 아무 소용이 없는 군더더기에 지나지 않는다.

중요한 것은 자연스러운 것이다. 억지로, 인위적으로 무엇을 하려고 하지 말라. 인위적인 분별이나 구분 따위를 신뢰하지 말라. 이런 의미에서 우리 인간이나 마소馬牛의 구분 따위도 필요 없다. 자연스럽게 살라. 어떤 의미에서 우리의 고뇌는 이런 자연스러운 삶을 거부할 때 생겨나는 것이다.

아마도 그가 하고 싶은 주장을 이렇게 표현할 수 있을 것이다. 언어는 실재를 표현하는 데 "원래부터" 불충분한 도구이다. 그런데 이렇게 주장할 수 있는 논거가 무엇인가? 우리는 단지 하늘이 파랗다고만 말하지는 않는다. 파란 하늘에 대해 우리는 아주 다양하게 묘사할 수 있다. 가령 그것은 마치 저문 강의 물빛과 같다. 실재를 묘사하는 데 불충분한 어휘들은 지속적으로 보충되거나 은유적으로 달리 표현될 수 있다. 이렇게 생각하면 언어가 "원래부터" 불충분한 도구라고 주장할 수 없을 것이다.

아니다. 언어는 결코 실재를 완벽하게 묘사할 수 없다. 왜 그런가? 언어와 실재는 서로 다르기 때문이다. 무엇이 어떻게 다른가?

"유동적이고 생명적인 사실이라 할지라도 언어는 대상을 표현함에 있어 그것을 늘 일정한 틀에 사로잡아 고정화하는 경향이 있다."

언어의 근원적 불충분성을 지적하는 대표적 논증의 하나가 이것이다. 언어는 고정적이고 추상적인 데 반해 실재는 유동적이고 생명적이며 구체적이다. 따라서 죽었다 깨어나도 언어는 실재를 올바르게 표상하거나 표현할 수 없다.

사실 '언어 적대주의' 혹은 '언어 불신주의'는 동양철학에서 쉽게 찾아볼 수 있다. 이규호는 『말의 힘』에서 그것을 다음과 같이 소개하고 있다.

"불교사상에서는 도리道理니 실상實相이니 하는 것을 이언離言이라고 한다. 근본적인 진리나 본체는 언어에 의해 파악되거나 표현되지 않는다는 뜻이다. 언어에 대해 상당히 깊은 이해를 가진 듯한 노자 또한 역시 언어 적대관계의 경향은 뚜렷하다. 그는 '유명有名이 만물의 어머니'라고 하면서

'무명無名이 하늘의 으뜸'이라고 한다. 그는 도道를 '무명無名의 소박素朴'이라고도 했다. 이러한 주장들은 본원적인 진리는 언어적 표현 이전의 것이라는 뜻으로 해석된다. 『중용』에서는 '하늘 위에 있는 일은 소리도 없고 냄새도 없다'라고 해서, 형이상학적 사실이 언어적인 표현뿐만 아니라, 감성적 파악까지 초월한다는 것이 주장된다. 원효元曉의 말에도 '마음의 본체는 명상名相을 초월한다'는 것이 있다. 인간 존재의 본체는 말이나 모양에 담겨있지 않다는 뜻이다."

그러나 나는 이런 주장이 별로 매력적이라고 생각하지 않는다. 나는 언어를 단지 도구라고만은 생각하지 않는다. 오히려 나는 하이데거가 말한 것처럼 언어가 존재의 집, 즉 우리 현존재의 집이라고 생각한다. 그 집이 없으면 우리가 거주할 수 없는 것과 마찬가지로, 언어는 우리 사유와 행동을 가능하게 하는 터전이다. 내 개별적인 사유와 행동을 가능하게 하는 언어는 매우 넓은 개념의 언어다. 그것은 우리가 사용하는 한국어나 중국어 등과 같은 자연언어 그 이상의 개념이다.

사실 바둑을 배우고 난 후에는 바둑을 두는 방법을 가르쳐 주었던 매뉴얼은 소용없다. 그렇다고 해서 그 매뉴얼을 불살라버릴 필요도 없다. 왜냐하면 그 책은 바둑을 배우길 원하는 다른 사람에게 도움을 줄 수 있기 때문이다. 불경책도 마찬가지다. 체득한 진리를 더 심화시키기 위해서라도 여전히 불경책은 필요하다. 단지 그 책에 있는 모든 것을 암기 대상으로 간주하는 경우에는 차라리 불살라버리는 편이 나을 것이다. 그러나 그 책이 내가 체득한 내용을 반성하도록 만드는 구실을 한다면, 그것을 불살라버릴 필요가 전혀 없다. 더 나아가 이러한 사례는 모두 수단의 한계에 대해 지적하고 있다고 말할 수도 있다. 그러나 언어가 수단이나 도구가 아니라, 우리를 삶에 거주 가능하게 하는 집이라면 그것을 불살라버리는 것은 애초에 불가능한 일이다.

자연스럽게 살라. 이러한 권유가 반드시 언어에 대한 적대감이나 불신을 요구한다고 생각하지는 않는다. 어떤 의미에서 우리가 사용하는 언어에 절대적으로 고정된 구분이 있다는 주장이 우리가 사용하는 언어가 지속적으로 변화하고 있음을 거부하는 것은 아니다. 나아가 사람과 마소의 구분을 부정하는 것도 핵심이 아니다. 오히려 그러한 구분에 근거해서 '차별'이 발생하는 경우에 문제가 생겨난다. 죽음이나 고통은 우리에게 자연스러운 것이지만, 문제는 그것을 필요 이상으로 과장할 때 생겨난다.

그와 유사하게 언어에 대한 적대감의 표현도 우리의 체험을 필요 이상으로 과장할 때 생겨난다. 감히 너희들이 내가 겪고 있는 이 깊은 고통을 이해할 수 있는가? 이런 경우, 대부분 자신도 그 고통을 잘 이해하지 못하는 경우가 참 많다. 과장하지 말라. 어느 정도 생각하고 반성할 수 있는 인간은 사실 비슷비슷한 것에 상처 입고 고통받고 괴로워한다.

17

언어와 실재

"인간의 언어 범주에는 논의 불가능한 실재의 근거, 실재의 궁극적 측면, 비존재 혹은 무의 차원이 있다. 이런 언표 불가능한 차원을 이야기할 때에는 은유를 사용할 수밖에 없다. 이 차원은 인간 언어로 서술할 수 있는 모든 증명, 관계, 과정을 초월하는 실재의 차원이다. 이 실재가 인간 존재를 위한 모든 의미의 원천이다. 우리는 그것에 대한 직접적 지식을 갖고 있다. 따라서 신비는 지식의 결여가 아니라 원천이며 풍요다."(『중국 고대사상의 세계』)

과연 우리에게 이렇게 주장할 수 있는 권리가 있는가? 달리 이야기하면, 그렇게 주장할 수 있는 정당한 근거가 있는가 하는 말이다. 즉 인간의 언어 범주를 초월할 실재가 존재한다는 근거가 무엇이란 말인가?

그러나 이러한 요구는 불가능한 것을 요구하는 것에 지나지 않는다. 그러한 실재는 인간 언어로 서술할 수 있는 증명을 초월하고 있으므로, 아마도 철학적 논증의 대상이 되지 않기 때문이다. 따라서 이러한 주장을 하는 경향, 가령 노자나 장자의 경향에 대해 그 주장을 입증하는 철학적 근거를 묻는 일은 사실 부질없는 짓이다.

비록 실재에 대한 철학적 근거를 제시할 수 없다 해도, 그 실재에 대한 직접적이고 분명한 체험, 참된 지식은 갖고 있다. 따라서 진정한 실재는 논증의 대상이 아니라, 체험의 대상이다. 이런 의미에서 그것에 대한 철학적 근거를 요구하기 보다는, 그것을 직접 체험, 체득해야만 한다. 그러나 그 체험 내용의 정당성을 어떻게 믿을 수 있는가?

체험, 체득, 직접적 지식, 즉 직관이 인식적 증거의 역할을 하지 못한다는 주장은 어떤 의미에서 상식적이다. A의 직관과 B의 직관이 서로 다를 때, 직관은 이 갈등을 해결하지 못한다. 따라서 어떤 주장에 대한 증거로 직접 체험을 주장한다는 것은 이미 그 주장의 정당성에 대한 입증을 포기하는 것과 마찬가지다. 따라서 이제 남은 것은 그것을 받아들일 것인지, 아닌지의 선택밖에 없다.

언어를 초월하는 실재가 있다는 주장은 언어와 실재를 두 차원으로 구분하고 있다. 따라서 인간 언어, 개념으로부터 독립적인 어떤 실재가 존재한다. 상식적으로 표현해보면 우리의 언어, 우리의 사유, 우리의 마음으로부터 독립된 세계, 실재, 대상이 존재한다. 그러나 이때 존재하는 세계와 실재가 우리 언어의 서술로부터 초월해서 존재하고 있는 것은 아니다. 비록 그것이 언어와 구분된다 할지라도, 우리의 언어는 그것을 나름대로 서술할 수 있기 때문이다.

이 서술관계, 지시관계, 혹은 인과관계를 해명하는 일이 철학적 문제일 것이고, 철학의 과제일 것이다. 비록 언어초월적 실재에 대한 주장을 철학적 논증을 통해 긍정적으로 입증할 수 없다 해도, 그 반대 논증에 대한 철학적 비판은 가능할 것이다. 따라서 역설적으로 언어와 실재의 관계라는 철학적 문제가 바로 '노자'나 '장자'로 상징되는 우리의 철학적 사유에 한 문제로서 등장하게 된다. 노자, 장자, 불교 등에서 나타나는 '언어 불신주의'를 옹호하기 위해, 아마도 이러한 사유와는 다른 경향을 띤 서양의 언어철학에 대해 공부하면서 그 논증들을 비판해본다면 간접적으로 자신이 선택한 '취향'을 옹호할 수 있을 것이다.

비록 진정한 실재가 언어 초월적이라는 주장에 논거를 제시할 수 없다 해도, 그것에 대한 은유적 표현은 허용하는 것처럼 실은 어떤 철학적 논거들이 있었다. 그 하나가 실재는 살아 움직이는 생생生生한 것이지만, 언어는 추상적이고 생생한 것을 고착화시킨다는 것이었다. 즉 언어는 추상적이지만, 실재는 구체적이기 때문에 언어는 실재를 올바르게 포착할 수 없다는 말이다.

그런데 이 논증은 설득력이 있는가? 아마도 이 논증의 설득력을 따지는 일이 바로 언어와 실재의 관계를 따지는 작업일 것이다. 적어도 이것이 우리가 해야 하는 일이라면, 언어와 실재, 혹은 마음과 세계의 문제, 혹은 지향성이라는 문제가 우리 철학의 문제가 아니라는 주장은, 나아가 동양철학의 문제가 아니라는 주장은 별로 설득력이 없어 보인다.

18
개념적 구분

"타종교에 대한 절대적 배타주의와 무모한 독선에 빠져 있는 개신교 목회자들의 방향 전환을 위해 나는 하나의 길을 모색해 보려 했다. 그것은 다음처럼 몇 가지로 정리될 수 있다. 어느 종교든 혹은 어떤 신이든 그것을 추종하는 사람에게는 그것이 절대적인 것이어야 한다. 절대적 유일신성唯一神性이 성립되지 않으면 그 종교는 성립, 유지될 수 없다. 이 점에서 대다수 개신교 목회자들이 종교 다원주의 사상에 거부 반응을 일으키는 것은 당연한 일이다. 이는 사실 기독교의 생사에 관한 문제다.

그런데 문제는 타종교를 비난, 배척하고 종교 다원주의를 공격하는 일에만 전념하다가 개신교 목회자 자신들이 타종교 중의 하나로 전락해버릴 위험성이 있다는 것이다. 이는 타종교에도 구원이 있다는 다원주의 신학자들을 비난, 공격하고 타종교를 거짓 종교라고 주장하는 일에 열중하면서 자기의 종교는 자동적으로 참 종교가 된다고 믿는 것이기 때문이다. 그러므로 종교 다원주의에 대해 개신교 목회자들이 취해야 할 입장은 남의 종교에 구원이 있느냐 없느냐를 따질 것이 아니라, 내가 정말로 기적을 행하여 병자를 고쳐주고 있는가라는 자기 성찰에서 시작돼야 할 것이다."

종교 다원주의는 바람직하지 않다. 왜냐하면 종교는 절대적 유일신성에 의해 가능하기 때문이다. 이 논증에 따르면, 어떤 한 종교는 바로 절대적이고 유일해야 한다. 그러므로 다른 종교를 인정할 수 없다.

이럼에도 불구하고 다른 종교를 비판하거나 공격하는 것에 대해 비판하고 있다. 중요한 것은 다른 종교를 비판하고 공박하는 것이 아니라, 자기 종교에 대해 성찰하는 것이다. 따라서 비판하고 공박하는 대신에 자신의 종교가 종교로서 제 기능을 잘 하고 있는지 반성하는 것이 중요하다. 그러나 이 글이 주장하듯 종교가 유일신성에 의존하고 있는 것이라면, 즉 유일신성이 종교의 필요조건이라면, 다른 종교를 비판하거나 공격하기 이전에 이미 다른 종교는 종교가 아니다. 나아가 비판하고 공박하는 것과 자기 성찰이 동시적으로 가능하다면, 다른 종교를 비판하고 공격하는 것이 반드시 부당하다고 주장할 수 없다.

이 글을 쓴 저자가 몇 년 후에 다음과 같이 이야기하고 있다.

"기독교에만 구원이 있고 다른 종교에는 구원이 없다는 기독교의 배타성이 종교 간의 대화에서 절대적인 저해 요인이라는 종교 다원주의 신학자들의 주장을 옳은 지적이라고 보고 싶다. 그러나 우리가 여기에서 지적하고 싶은 것은 다음과 같은 것이다. 종교 간의 대화에 저해 요인이 된다고 해서 각 종교의 배타성이 없어지겠는가? 과연 배타적이지 않은 종교가 있겠는가? 어떤 종교든 최소한 질적인 측면에서는 어느 정도 배타성을 지녀야 그 존재가 가능한 것은 아니겠는가? 우리는 여기에서 각 종교가 현대사회의 강요로 인내 배타적이어서는 안 되는 것과 각 종교는 자체의 존재 역학상 배타적일 수밖에 없다는 것의 변증법적 관계를 인정해야 한다. …(중략)… 다원주의 신학자들이 마치 기독교에만 배타성이 있는 것처럼 기독교를 몰아붙이는 것은 각 종교의 배타성에 대한 이해 부족에서 비롯된 것이라고 보고 싶다. 따라서 이런 시각은 종교 다원주의 토의에 도움이 되기보다는 해를 끼친다고 여겨진다.

어떤 한 종교의 절대성, 유일성만을 주장할 수는 없다. 그것은 다원주의 현상의 사회적 요청이기 때문이다. 그러나 '종교를 포함한 어느 사회적 실재도 그 자체의 독자적 특질을 보유하지 못하면 그 존재는 불가능하다'라는 사회학적 진리를 무시할 수는 없지 않겠는가? 여기서 문제 소지는 특질을 유일성이나 절대성과 동일시하는 데 있다고 본다. 우리는 여기서 기독교의 유일성이나 절대성을 꼭 주장하려는 것이 아니다. 그러나 그 특이성만은 꼭 주장하는 것이 온당하다고 본다. 예컨대 개인의 경우 자기만의 특이성을 지녀야 하고 그리해야만 그가 존재하게 되고 하루하루의 생활을 영위해 갈 수 있는 것이다. 마찬가지로 내가 다른 종교에서 느끼지 못하고 기독교에서만 느끼게 되는 매력, 바로 그것이 나에게는 내 종교의 특이성이다. 그것마저 인정하지 않으면 그는 기독교인이기를 그치게 되는 것이다."

여전히 그는 종교가 배타성을 지녀야 한다고 본다. 절대적 유일신성이 종교의 필요조건인 것처럼, 종교는 본질적으로 배타적이다. 그 개념이 명확하지 않지만, 종교는 여하튼 "존재 역학상" 배타적이다. 이것이 참이라면 종교 다원주의나 "현대사회의 강요"는 부당한 것이 된다.

그는 "배타성"을 말하는 동시에 "독자성"에 대해 말하고 있다. 종교는 독자적이어야 한다. 혹은 종교는 특이성을 가져야 한다. 가령 기독교에는 다른 종교가 갖지 못하는 특이성이 있다. 그것이 기독교가 우리에게 주는 매력이다. 마찬가지로 각 종교도 이러한 특이성, 독자성을 가지고 있다. 가령 불교는 기독교가 주지 못하는 그 나름의 매력을 갖고 있다. 이런 주장에 따르면, 종교 다원주의는 가능하다.

'배타성'과 '특이성'을 구분함으로써 종교 다원주의에 대해 호의적 태도를 취할 수 있다. 이 두 개념이 구분되지 않는다면, 종교 다원주의는 성립될 수 없을 것이다. 철학을 비판하는 사람들은 철학이 '말장난'이라고 비판하지만, 철학은 사실 말장난이다. 그것은 어떤 의미에서 흥미로운 말장난일 뿐만 아니라, 아주 중요한 말장난이다. '말장난'이라는 개념이 주는 부정적 뉘앙스가 마음에 걸린다면, 그것을 '개념적 분석'이라 달리 이야기할 수도 있다.

개인적으로 이 글에서 느끼는 매력은 자기 생각을 끊임없이 반성하여 수정하고 있다는 것이다. 만약 내가 종교의 유일신성을 주장하는 첫 글만 보았다면, 별다른 인상을 받지 않았을 것이다. 그런데 두 번째 글을 보면서 그 내용에 대한 동의 여부와 상관없이 자기 생각을 반성하고 모색하고 수정하는 모습에 강한 인상을 받는다.

맹자에 대한 고자의 비판 논증

"맹자가 말한다. 인의仁義는 하나다. 따라서 인仁은 마음 안에 있고, 의義는 마음 밖에 있다고 할 수 없다. 이것에 대해 고자告子가 말한다. 내가 듣자하니, 의義에서 나이 많은 사람을 공경하는 것보다 더 중요한 것이 없다. 저 사람이 나이가 많기 때문에 내가 나이 많은 것으로 대접하는 것이며, 원래 먼저 나이 많은 것으로 대접할 마음이 내게 있어서 그런 것이 아니다. 그렇다면 저 물건의 빛이 흰 것을 보고서 내가 희다고 이르는 것이니, 이것은 그 물건의 흰 것이 밖에 있음을 따른 것이고, 먼저 저 물건을 희다고 말하고 싶은 마음이 내게 있지 않음과 같다. 따라서 의義를 마음의 바깥에 있다고 하는 것이다."(『맹자』)

인의는 하나다. 인과 의는 동일한 것이다. 그 두 개 모두 우리 마음 안에 있다. 고자가 반박한다. 아니다. 인의는 하나가 아니다. 인은 마음 안에 있지만, 의는 마음 바깥에 있다.

가령 나이 많은 사람을 공경해야 한다. 나이 많은 사람을 공경하는 것은 도덕적으로 옳다. 그런데 우리가 왜 나이 많은 사람을 공경해야 하는가? 그는 나이가 많기 때문이다. 우리가 공경할 나이 많은 사람이 우리 마음 바깥에 있기 때문에, 의는 우리 마음 밖에 있는 것이다.

그는 나이가 많다. 이 판단은 사실 판단이다. 그것은 고자가 주장하듯 "이것은 하얗다"라는 판단과 마찬가지다. 사실 판단이 참이 되는 이유는 우리 마음 밖에 객관적 사실이 존재하기 때문이다. 나이 많은 사람이 거기에 있다는 것은 사실이지만, 나이 많은 사람을 공경해야 한다는 것은 사실이 아니라 당위다.

그가 나이가 많다는 사실로부터 나이 많은 그를 공경해야 한다는 주장이 도출되는가? 사실로부터 가치나 당위를 도출하는 시도를 '자연주의적 오류'라고 한다. 고자는 지금 자연주의적 오류를 범하고 있다.

다른 번역본은 맹자와 고자의 논쟁을 다음처럼 번역하고 있다. "맹자가 말씀하시기를 '어찌 인이 안이고 의가 밖이라고 하는가?' 고자가 대답하기를 '저 사람이 어른이기에 내가 어른이라고 하는 것이지, 내가 어른으로 대하려는 마음이 있는 것은 아니다. 저것이 희므로 내가 희다고 하는 것과 같은 것으로 그 흰 빛은 밖으로부터 들어오기 때문이니, 그러므로 밖이라고 하는 것이다."

왜 의가 밖에 있다고 하는가? 흰 빛이 밖에 있는 것과 마찬가지기 때문이다. 흰 빛과 마찬가지로 어른인 그 사람이 밖에 있다. 그 사람이 어른인 것은 내가 그 사람을 어른으로 대하려는 마음 때문이 아니다.

그러나 다음 두 가지를 구분해야 한다.

(가) 그는 어른이다.
(나) 그에게 어른 대우를 하라.

고자는 (가)와 (나)를 구분하지 않고 있다. (가)는 객관적 사실이다. 그러나 (나)는 아니다. (나)는 도덕적 명령이다. "어른 대우를 하라"는 도덕적 명령은 바깥에 있는 것이 아니다. 오히려 바깥에 있는 것은 이런 도덕적 대우를 받아야 하는 어른이다. 따라서 고자는 도덕적 명령의 대상과 도덕적 명령 자체를 구분하지 못하고 있다. 이미 지적한 것처럼 그는 (나)를 (가)로 설명하려고 한다. 이것이 바로 자연주의적 오류다.

맹자의 주장처럼 (나)는 그것을 실행하고자 하는 우리 마음에서 비롯된다. 따라서 맹자가 의義가 우리 안에 있다고 할 때, 그것은 도덕적이며 올바른 일을 하고자 하는 우리의 마음이나 의지, 즉 도덕적 마음이 우리 안에 있다는 말이다. 그러나 "어른을 공경하라"는 도덕적 명령 자체가 갖고 있는 객관적 당위성은 우리 마음에 의존하지 않는다.

다양성과 다원주의

명백하고 논증적으로 써라. 문장의 의미를 명료하게 표현해 사용하라. 이것을 연습해야 한다.

취향을 마치 진리인 것처럼 강요하지 말라. 내 취향이 단지 취향인지, 아니면 그 이상인지를 따져 보아야 한다. 철학은 취향의 정당화다, 라고 나는 생각한다. 따라서 이미 내 취향을 정당하다고 가정하고 그것을 표현하거나 설명하는 일은 철학적이지 않다.

짜장면을 먹는 것이 우동을 먹는 편보다 바람직하다. 빨간 옷을 입는 것은 노란 옷을 입는 편보다 바람직하지 않다. 그렇지만 이 얼마나 터무니없는 주장인가?

여자가 흡연을 하는 것은 바람직하지 못하다. 아니다. 흡연은 기호의 문제다. 아니다. 단지 기호의 문제만은 아니다. 그 이상의 문제다.

일부일처제는 일부다처제보다 올바르다. 그런가? 그렇게 주장할 수 있는 근거가 무엇인가? 분명한 것은 이제 더 이상 취향의 문제라고 주장할 수 없다는 것이다. 문화 상대주의의 주장이 성립하는 곳은 내 개인적이며 주관적인 취향이 성립하는 곳이 아니다.

논리적 실증주의가 윤리는 감정을 표현하는 것이라고 주장한다면, 혹은 윤리가 취향의 문제에 지나지 않는다고 주장한다면, 후기 비트겐슈타인처럼 윤리적 영역에서 무슨 일이 일어나는지 자세하게 살펴보라고 충고할 수 있을 것이다.

인간이란 무엇인가? 칸트는 말한다. 그것은 우리가 무엇을 알 수 있는지, 우리가 무엇을 마땅히 해야 하는지, 그리고 우리가 무엇을 희망해도 좋은지에 달려 있다. 적어도 지식적 차원, 윤리적 차원, 심미적-종교적 차원이라는 서로 환원 불가능한 다양한 차원을 통해야만 비로소 우리는 우리 자신의 정체를 해명할 수 있다.

실존existence, 혹은 존재는 본질에 앞선다고 사르트르가 주장한다. 이때 실존은 인간 존재를 의미한다. 인간 존재가 본질에 앞선다는 말은 우리 인간을 인간으로 규정짓는 본질이 주어져 있지 않다는 말이다. 본질 같은 것이 있다면, 그것은 주어져 있는 것이 아니라 내가 만드는 것이며, 내가 스스로 선택하는 것이다. 나는 인류를 대신해서 어떤 것을 선택하고, 그것에 대해 책임을 져야만 하는 바로 그런 존재다.

이런 주장은 인간 삶에 대한 것, 또는 다소 넓은 의미에서는 윤리적 차원에 해당되는 것처럼 보인다. 정교한 인식론이나 과학적 지식에 대한 고찰을 별로 보여주고 있지 않다는 점에서 실존주의 철학의 주장은 윤리적 차원에 위치시키는 것이 적절한 듯 보인다. 그러나 실존, 인간 실존, 즉 인간 존재는 단지 이런 윤리적 차원에만 속하지는 않는다.

퍼트남은 칸트로부터 개념적 다원주의의 싹을 발견한다. 퍼트남은 비록 칸트처럼 과학, 윤리, 예술이나 종교에 대해 체계적으로 탐구하고 있지는 않지만, 그의 내재적 실재론, 실용주의적 실재론, 혹은 이분법 없는 실재론은 특히 과학이나 과학적 세계관으로부터 윤리나 가치의 객관성이 부정될 수 없다는 것을 논증으로 보여준다.

칸트는 보다 분명하게 과학, 윤리, 예술의 객관성, 혹은 그의 표현처럼 보편성과 필연성이 서로 다른 것이라고 말한다. 과학은 서술적 객관성을, 윤리는 명령적 객관성을, 그리고 예술은 청유형, 혹은 권유적 객관성을 갖고 있다. 과학적 객관성이 사실의 영역, 현상의 영역, 지성의 영역에서 성립하는 것이라면, 윤리적 객관성은 실천의 영역, 행위의 영역, 의지의 영역에서 성립한다. 반면 예술적, 심미적 객관성은 감정의 영역, 반성의 영역, 상상력의 영역에서 성립한다.

나는 칸트의 이런 생각을 내 것으로 받아들인다. 적어도 이 세 가지 차원의 다원성을 부정하면서 어느 하나로 다른 것들을 환원시키는 것을 나는 철학적 질병이라고 생각한다. 따라서 비트겐슈타인이 말하듯 비록 과학이 우리에게 많은 것들을 가르쳐주고 많은 성공을 보여주었다고 해서, 다른 모든 분야에서도 과학적 사유를 요구하는 것은 어떤 질병의 징후라고 생각한다. 비트겐슈타인에 의하면, 이것이 바로 그가 속했던 문명의 질병이다.

비록 과학적 철학, 과학적으로 사유하는 것을 모든 분야에 적용하는 것에 대해서는 비판적이었지만, 그는 과학 자체의 탐구를 거부하지는 않았다. 이 점은 과학주의를 비판하는 퍼트남의 경우에도 마찬가지다. 그런데 나는 퍼트남이나 칸트와는 달리 적어도 과학의 문제에서 만큼은 과학적 실재론을 옹호하고 싶어진다. 과학은 실재에 대한 것이다. 따라서 그것은 단지 현상에 대한 것만이 아니다. 과학은 실재에 대해 특권적 위치를 갖고 있다. 이런 의미에서 실재에 대한 다원적 전망이 가능할 수 있다 할지라도, 실재의 궁극적 구조나 본성에 대해 정당하게 이야기할 수 있는 권리를 가진 것은 과학이다. 내가 갖고 있는 이러한 생각의 원천은 셀라스의 철학, 그의 과학적 실재론이다.

윌리엄 차일드William Child는 그의 책 『비트겐슈타인』에서 비트겐슈타인 신화는 비트겐슈타인을 마치 완전한 철학자인 것처럼 간주하는 과장 때문에 일어났다고 지적한다. 그렇다. 완전한 철학자란 없다. 비트겐슈타인은 말할 것도 없고, 칸트나 하이데거, 나아가 프랑스 철학자들도 모든 철학적 주제에 대해 완전한 답변을 하고 있지 않다. 어떤 것은 나에게 매력적으로 보이고, 다른 어떤 것은 그렇지 않다. 이런 것들을 조합, 소화하여 내 생각으로 만드는 것, 다른 철학자들의 저술을 읽으면서 그것들을 나름대로의 내 생각으로 만드는 것, 이때 나에게 도움을 주는 철학자의 생각을 따라가는 것은 내 주체성에 아무런 장애가 되지 않는다. 주체성은 내용에 수식되는 개념이 아니라, 활동이나 행위에 수식되는 개념이기 때문이다.

21
상대주의

그가 말한다. "상대주의는 이성적이다." 왜 그런가? "상대주의는 많은 전통과 가치를 존중하기 때문이다." 결코 "상대주의는 자기가 사는 곳이 세계의 배꼽이라고 우기지 않으며, 자기의 진귀한 관습으로 전 인류를 재단하지 않기 때문이다."

따라서 그의 주장은 다음과 같다. 많은 전통과 가치를 존중하라. 즉 전통과 가치의 다양성을 존중하라. 자기 관습, 생각, 가치만이 절대적으로 맞는 것처럼 주장하지 말라. 그런데 이러한 주장도 상대적인가?

야만적 전통에 의해 고통받는 사람을 그대로 놔둬야 하는가? 나는 아니라고 생각한다. 그런데 그는 이렇게 주장한다. 그것은 "대다수 지식인이 가진 표면적이고 추상적이며 주관적인 사고방식의 전형적인 예다." 왜 이것이 추상적이고 주관적인 사고방식의 전형적 예인가? 야만적 전통에 의해 고통 받는 자가 존재하는 다른 문화에 개입해서 인간의 이름으로 이를 비판하는 것이 왜 추상적이고 주관적이란 말인가? 오히려 그 어떠한 문화나 전통에도 개입해서는 안 된다는 그의 주장이 추상적이고 주관적이며, 더 나아가 야만적이다.

그가 말한다. "사람들은 다른 전통이 그 내부에서 볼 때 어떻게 비춰질지에 관심이 없으며, 그런 전통이 어떤 가치와 세계관에서 유래하게 되었는지 연구하지도 않는다. 또 그런 가치의 파괴가 가져올 매우 구체적인 손실도 안중에 없다. 사람들은 자신의 세계관이 마치 무슨 보편성을 지니기라도 한 양 남에게 강요하려고 하고, 자신의 잣대로 다른 사람의 행복, 고통, 희망을 재단하려 든다." 그러나 야만적 전통에 의해 고통받고 있는 사람에게 도움을 주는 일이 그 야만적 전통의 기원에 대해 이해하는 것과 무슨 상관이 있단 말인가? 부당하게 타인에게 고통을 주는 전통을 비판하는 것을 왜 보편적이라고 할 수 없단 말인가?

"도덕적 가치는 문화적이며 역사적인 전통에 의존한다. 따라서 그 문화적이며 역사적인 전통 외부에서 그 도덕적 가치를 비판할 수는 없다." 나는 이 논증이 틀렸다고 생각한다. 즉 이 논증이 부당하다고 생각한다. 그 발생적 차원에서 문화적이며 역사적인 전통에 의존한다고 해도, 그 내용의 정당성은 그 전통과는 무관하며 독립적이다.

22
장자의 「소요유」

『돼지가 철학에 빠진 날』이라는 제목으로 번역된 책의 저자, 로Stephen Law가 말한다.

"모든 것이 내려다보이는 높은 곳에 있으면 세상을 보는 관점이 사뭇 달라지기도 한다. 보통은 나날의 생활에 얽매이기 보다는 이런 질문을 생각하게 된다. 우주는 어디에서 생겨났을까? 죽은 후의 삶이 있을까? 신은 존재할까? 옳고 그름을 가르는 것은 무엇인가? 그리고 내 생활이 아예 꿈은 아닌지? 이런 것들이 바로 철학적 질문이다."

모든 것이 내려다보이는 위치에 설 수 없도록 만드는 것이 무엇인가? 그것이 우리에게 철학을, 문학을, 예술을, 문화를, 교양을 무시하거나 삭제해버리도록 만든다.

「소요유」를 통해 장자가 말하고자 하는 주장은 무엇인가? 제목만 보자면 "놀자, 혹은 유희하자"는 것이다. 우리는 왜 놀아야 하는가? 아마 진정한 가치를 찾기 위해, 혹은 진정한 자유를 누리기 위해 놀아야 한다고 그 근거를 제시할 수 있다.

한 텍스트에서 논증을 구성하는 방식이 꼭 단 한 가지인 것만은 아니다. 아무래도 "놀자, 유희하자"를 「소요유」의 결론이라고 하는 것보다 오히려 "전체적인 전망을 가져야 한다"는 것을 결론으로 간주하는 것이 더 설득력이 있을 것이라는 생각이 든다. 우리는 존재하는 일체의 것에 대해 전체적 전망을 가져야 한다. 왜 그런 전망을 가져야 하는가? 그러한 전망이 우리를 억압하는, 혹은 우리를 작게 만드는 제한 조건들을 인식하게 하고, 따라서 그것으로부터 벗어나도록 만들기 때문이다.

"전체적 전망을 갖는 것이 중요하다. 그것 없이 우리는 작은 지혜와 작은 유용성으로부터 벗어나기 어렵기 때문이다."

장자의 「소요유」는 크게 세 가지 에피소드로 구성되어 있다. 대붕 이야기, 신인에 대한 이야기, 그리고 무용성에 대한 이야기다.

대붕 이야기에는 전체적 전망에 대해 비웃는, 즉 대붕을 비웃는 작은 것들의 이야기가 나온다. 장자는 그것을 작은 지혜라고 한다. 길게 그리고 넓게 파악하지 못하는 단기적이고 좁은 시야가 그것이다. 『작은 것은 아름답다』에서 슈마허 F. Schumacher는 바로 경제학의 관점이야말로 언제나 단기적이라고 말한다. 그런 관점은 인간과 자연을 장기적으로 보지 못하는 한계를 가지고 있다. 따라서 그 논의는 기껏해야 단기적 이익과 발전에만 한정될 뿐이다.

전체적 전망을 갖게 되면 무엇이 더 큰 유용성인지 알

수 있고, 나아가 무엇이 진정으로 유용한 것인지 깨닫거나 반성할 수 있다. 작은 유용성에 비해 보다 큰 유용성을 획득하는 것의 내용이 손 트는 약의 예에서 제시되고, 진정한 유용성은 유용성을 초월하는 것이라는 주장은 그 유명한 가죽나무의 예에서 나온다. 가죽 나무는 세속적으로 또는 인간적 관점에서는 실용적으로 쓸모가 없기에 생존적, 생명적, 존재적 가치를 누릴 수 있다.

 이런 가치가 그 가죽 나무를 자연스럽게 거기 있을 수 있도록 해준다. 두 번째 에피소드에 나오는 허유許由가 바로 이것을 보여준다. 나라를 다스려주세요. 싫다. 내 체질에 안 맞는다. 그것은 나에게 자연스러운 것이 아니다.

 그러나 유한자인 내가 그 속에 나까지 포함하는 존재 전체에 대한 전망을 가질 수 있는가? 비트겐슈타인이 말했듯 그것은 논리적으로 불가능하다. 논리적으로 불가능하지만 현실적으로 가능할 수 있다면 그것이 바로 초월이며 신비이다. 장자에 대해 감명하는 견해들은 이런 방식으로 장자를 옹호한다. 언어를 버리고, 성심成心이나 성견成見을 버리고 기氣의 움직임에 주목할 수 있다면 마치 포정庖丁처럼 도사가 될 수 있다. 나아가 철학은 혹은 학문의 진정한 목적은 이렇듯 도사가 되는 것이다.

그러나 나는 도사에 대한 이런 동경이 오히려 학문을 망치고 있다고 생각한다. 더 나아가 그것은 지성적 게으름의 소산이라는 편견도 가지고 있다. 완벽한 전체적 전망을 갖는다는 것이 유한자인 나에게는 논리적으로 불가능하다. 우리가 스스로 무한자라고 선언하면 되지 않는가? 그러나 우리는 도사가 아니다. 오히려 장자가 보여준 하나의 암시는 그런 전체적 전망에 대해 상상해보라는 것이다. 꿈에서 내가 나비가 되었듯, 내가 대붕에 되었다고 상상하면서 우리가 살고 있는 세계를 굽어보라. 진짜 쓰레기 같은 놈들이 많다. 그 쓰레기들이 잘났다고 떠드는 문제나 거기에서 이루어지는 기준은 물론 별것도 아니다. 거기에서 상처 받고 거기에서 이루어지는 환대에 기뻐할 이유는 아무것도 없다. 그저 쓰레기들의 합창일 뿐이다.

23
연상적 사유와 발생적 사유

그들은 논증의 개념을 모르지 않는다. 게다가 그들은 일상적 담화에서조차 적절하게 논증을 사용할 줄 안다. 그런데 전문적 철학 작업을 할 때 그들은, 논증 개념을 망각하거나 부정하는 경우가 많다. 논증을 제시하기보다는 하나의 결론에만 집착한다.

가령 장자 「소요유」의 핵심을 물고기가 새가 되었다는 아이디어라고 이야기한다. 이 아이디어로부터 물의 이미지에서 하늘의 이미지로, 하강과 상승의 이미지를 도출해낸다. 이때 도출이란 연역적 추론을 통한 것이 아니라 아마 연상 작용의 결과일 것이다.

물고기가 새가 되었다는 것은 하나의 비유다. 그것이 무엇을 의미하는가? 경계가 없다는 것을 의미한다. 따라서 장자의 「소요유」는 존재하는 사물들 사이에 경계가 없다는 주장이다. 그런데 그 주장의 논거가 무엇인가? 물고기가 새로 변화했기 때문인가? 그것이 주장에 대한 논거인가? 아니면 하나의 예시인가?

"물고기가 새로 변화하듯 사물들 사이의 경계라는 것은 없다. 사물들 사이의 경계는 사물 사이의 변화를 인정하지 않기 때문이다."

물고기는 물고기고, 새는 새다. 따라서 물고기와 새는 구분된다. 아마 이런 생각이 사물들 사이의 경계를 인정하는 생각일 것이다. 장자는 이런 생각을 부정한다. 이때 물고기가 새가 될 수 있다는 예가 주장에 대한 증거 역할을 할 수 있을 것이다. 때때로 발견되는 형식 논리학에 대한 부정, 혹은 동일률에 대한 부정이 이런 생각을 지지해주는 보충 논거가 된다. 그런데 이것이 정말 참인가? 과연 글자 그대로 물고기는 새가 될 수 있는가?

물고기와 새를 구분하는 우리의 생각을 자의적이라고 주장할 수 있다. 이런 경우, 물고기와 새의 생물학적 구분이 거부되는 셈이다.「제물론」에 나오는 장자의 주장을 보면 어떤 의미에서 그는 이런 생각에 동의하고 있는 것처럼 보인다. 우리 인간이 하는 판단들은 우리가 사용하는 언어와 마찬가지로 상대적이다. 따라서 우리가 물고기와 새를 구분한다 할지라도, 그것은 상대적이며 자의적인 구분일 뿐이다. 문제는 그 상대적이고 자의적인 구분을 절대적인 것처럼, 유일한 것처럼 생각하는 데에서 발생한다. 그 결과 내 생각만이 유일하게 맞는 것처럼 여기게 된다. 그러나 그런 생각은 틀린 것이다. 이렇게 본다면 장자의 논증은 "사물들 사이의 경계란 없다. 그 경계 구분은 우리의 자의적 기준에 의존하고 있기 때문이다"라고 표현할 수 있다.

한 텍스트를 어떻게 읽어야 하는가? 텍스트 이해에 대한 논의들은 어떤 의미에서 논증의 개념을 고려하지 않고 있다. 텍스트를 이해한다는 것은 바로 저자의 의도를 이해하는 일이다. 그러나 이러한 생각은 '의도주의적 오류'라고 지적된다. 어떤 의미에서는 텍스트의 저자 자신도 자신의 의도가 무엇인지 정확하게 알 수 없다. 그런데 어떻게 저자의 의도를 파악할 수 있단 말인가? 비록 장자 텍스트에 장자의 의도가 나타나 있다 해도 그 의도를 밝히는 일은 텍스트에 있는 논증을 근거로 해야 한다. 텍스트의 의미를 확정해주는 저자의 의도가 부정되는 경우에는 텍스트를 나름대로 다양하게 읽을 수 있는가? 그렇다고 해도 그 다양한 독해 또한 텍스트의 논증을 기초로 이루어져야 할 것이다. 의미의 이해, 의미의 해석이라고 말할 때, 때로 그것은 논증을 의도하는 것이 아니라, 하나의 결론, 생각, 아이디어를 이야기하는 것처럼 보인다.

텍스트에 대한 역사적 접근을 강조하는 경우에도 여러 가지 생각들 중에서 어떤 한 가지를 확정하기 위해 그러한 접근을 강조하는 것처럼 보인다. 그 텍스트는 역사적 문맥에서 그런 의도로 그렇게 태어났다. 그렇지만 이런 경우에도 그 의도, 그 생각, 그 결론을 입증해주는 논거가 있어야 한다. 장자가 유가를 비판했던 이유는 유가들이 보였던 이중성 때문이었다. 즉 유가들은 그들이 말하는 바와 다르게 행동하고 있다는 것이다.

그러나 이러한 지적은 애매하다. 그것은 단지 말과 행동의 불일치에 대한 비판일 수도 있지만, 말과 행동의 불일치를 만들어내는 말의 내용에 대한 비판일 수도 있다. 오히려 문제가 되는 것은 그 말의 내용에 대한 비판처럼 보인다. 인의仁義에 대한 비판, 지식에 대한 비판, 덕과 명예에 대한 비판, 이러한 비판은 단지 말과 행동의 불일치에 대한 비판 그

이상을 보여준다.

　　장자는 어떻게 이런 생각을 하게 되었는가? 그런데 이 질문조차 애매하다. 다른 방식으로 물어볼 수 있을 것이다. 그 하나는 발생적 배경을 묻는 것이다. 어떤 시대적, 개인적 상황이 그런 생각을 만들어내고 탄생하도록 했는지 묻는 것이다. 다른 하나는 그 생각에 대한 근거를 묻는 것이다. 어떤 근거로 그런 생각을 주장하게 되었는가 하는 물음 말이다. 하나의 결론을 입증해주는 다양한 논거들이 있을 때, 그리고 이 논거에 따라 여러 가지로 구성될 수 있는 다양한 논증 중에서 그 시대적 문맥에 맞는 논증을 골라내려면 역사적 문맥이 중요한 요소가 된다. 그러나 탈역사적 문맥에서는 그 다양한 논증 중에서 가장 설득력 있는 논증이 채택될 수밖에 없다. 이럼으로써 그것은 아마 탈역사적 의미를 갖게 될 것이다. 비록 역사 속에서 발생적으로 나온 생각이지만, 그런 발생적 문맥을 넘어 다른 시대에 살고 있는 사람들에게도 설득력이 있는 그런 논증 말이다.

24

입증하라.

　어떤 의미에서 서양철학은 추종적이다. "어떤 의미"가 아니라 혹시 "모든 의미"는 아닌가? 서양철학자에 대한 소개 글을 접할 때 느끼는 궁금증이 있다. 도대체 소개하고 있는 너는 그 소개 대상이 되는 철학자를 어떻게 생각하고 있는가? 그가 어디에서 태어났고, 그의 책 내용이 어떤 것인지 설명하는 것보다 더 전면에 나타나야 하는 것이 그에 대해 내가 느끼는 감상이나 의의여야 한다.

"사물의 외형이 어두운 밤에 감추어져버릴 때, 그때는 아무 대상도 아니며, 대상의 성질도 아닌 밤의 암흑이 우리를 점령한다. 우리를 점령한 그 밤의 무無를 우리는 도무지 견뎌낼 수 없다. 그러나 무는 무 자체가 아니다. '이것' 혹은 '저것'이라고 부를 수 있는 무엇이 존재하지 않는다. '어떤 것'이 더 이상 존재하지 않는다. 그러나 이러한 부재는 현존이고, 그것을 절대로 피할 수 없는 현존이다. 이 현존은 부재에 대한 변증법적 대립항이 아니며, 관념을 통해 파악할 수 있는 것도 아니다. 무는 아무런 매개 없이 현존한다. 그것에 대한 어떤 언술도 없고, 아무것도 우리에게 답해주지 않는다. 다만 침묵만이, 침묵의 음성만이 들릴 뿐이다. 파스칼이 말한 '무한한 공간의 침묵'이 우리를 불안하게 한다. 다만 '있을 뿐이다.' 어떤 의미도 없이, 어떤 명사도 덧붙일 수 없이 다만 '있을 뿐이다.' 마치 비가 오고 날씨가 덥듯이 그렇게 있을 뿐이다. 본질적 익명성. 정신도 외재성도 서로 맞서 있지 않다. 외재적인 것은 내재성과 아무런 상관없이 머물러 있다. 주어진 것도 없다. 세계도 없다. '나'라는 것도 밤에 의해 침몰되고, 개별성을 상실한 채 숨막혀 있다."

레비나스의 이 글은 무엇을 논증하고 있는가? 주장을 하고, 그 주장에 대한 입증의 근거를 제시하고 있는가? 아니다. 그저 어떤 상태, 혹은 자기의 상념을 철학책에서 혹은 이것을 흉내 내고 있는 문학평론에서 많이 볼 수 있는 '추상적 용어'로, 가령 대상, 무, 부재, 현존, 변증법, 관념, 매개, 언술, 침묵의 음성, 무한한 공간, 존재 혹은 있음, 본질, 정신, 외재성, 내재성, 개별성 등의 단어로 '표현'하고 있을 뿐이다.

　　한 줄기 빛도 없는 진짜 어두운 밤을 생각해보라. 그 어떠한 것도 보이지 않는다. 단지 아무것도 보지 못하는, 그의 표현처럼 '침묵의 음성'을 듣고 있는, 즉 아무 소리도 듣지 못하고 있는 나만 거기에 있을 것이다.

　　고흐의 구두에 대한 하이데거의 언명은 철학적 논증으로 구성될 수 있는 것이 아니라, 레비나스의 언명과 마찬가지로 하나의 표현이라고 생각한다. 따라서 그것은 철학적 정당성의 대상이라기 보다는 오히려 공감과 동의의 대상이다. 생각해보라, 혹은 상상해보라. 이미 사르트르가 그랬던 것처럼, 네 존재에 대한 원초적 경험, 혹은 네 존재이유에 대해 심각하게 고심해보라.

　　그런데 이런 언명들이 단지 동참과 권유의 기능만 하는 것은 아닌 것처럼 보인다. 때로 그것 이상을 주장하고 있는 것처럼 보인다. 하이데거가 고흐의 구두에 대한 자신의 상념을 묘사하고 표현하는 것을 넘어 "진리는 알레테이아"라고 주장하듯이, 그리고 "예술작품은 존재자의 진리를 정립하는 것"이라고 주장하듯이, 부조리한 존재의 경험으로부터의 탈출은 '잠'을 통해 가능하다고 '표현' 혹은 '주장'한다. 왜 그런가? 의식이 가능하기 위해 무의식을 선제하듯, 마찬가지로 우리 의식은 잠을 잘 수 있다는 사실에 의해 비로소 가능하기 때문이다.

굳이 '잠'이라는 비유를 사용하지 않더라도, 의식은 무의식에 의해 가능하게 된다는 주장이다. 과연 그런가? 우리의 생리적 활동은 분명 잠을 통한 휴식을 필요로 한다. 이런 의미에서 잠은 우리의 살아 있는 활동의 선제 조건이라고 할 수 있다. 그런데 이는 논리적 의미가 아니다.

우리 의식 활동의 선제 조건은 무엇인가? 그것이 바로 '범주'다. 의식이나 정신적 활동은 이 범주, 의미를 정당화하는 것이 아니다. 오히려 범주나 의미가 선제되어야 비로소 의식과 사유가 가능하다. 이것이 중요한 문제라면, 이제 어떤 중요한 체험을 상기하면서 단지 동참을 요구하는 것만으로는 문제가 해결되지 않는다. 이제는 이론적 정당화가 필요하고, 그에 따른 타당한 철학적 논증이 필요하다.

만약 누군가 레비나스의 철학을 접하고 감동했다면, 그 감동을, 단지 레비나스의 말 자체를 반복하거나 해설하면서 옹호하는 것은 바람직하지 않은 태도다. 그럴수록 '추종적'이라는 느낌이 강하게 들 뿐이다. 오히려 철학적 문맥에서 필요한 감동적 가치의 표현은 바로 의식의 선제 조건이 범주가 아닌, 무의식임을 설득력 있게 입증하는 노력일 것이다.

입증하라.

25 형이상학

논리 실증주의는 사실 나의 극복 대상이었다. 그들은 형이상학을 철학의 영역에서 추방하고자 했다. 그들에 의하면, 윤리적 가치는 단지 감정 표현의 가치일 뿐이다.

주장 내용과 주장 동기가 구분돼야 하겠지만, 그들이 이렇게 주장하게 된 동기는 중요하다. 그들은 철학자들의 언어를 알아들을 수 없었다. 철학자들이 사용하는 개념도 어떤 의미인지 명확하지가 않았다. 그러나 그 개념을 사용하고 있는 철학자들은 마치 그들이 잘 알고 있는 것처럼 그 개념들을 사용하였다. 철학자들은 심오한 주장을 했지만, 그 논거가 명확하지 않았다. 도대체 무슨 근거로 그렇게 주장하는가? 철학자들은 지혜를 추구한다고 하였지만, 그들이 추구하는 것이 지혜인지, 또 지혜와 지식은 어떻게 구분되는지도 그렇게 분명하지는 않았다. 비록 내가 논리 실증주의의 철학적 주장에 동의하지는 않는다 할지라도, 나는 그들이 형이상학을 철학에서 추방하게 만든 이러한 동기에는 공감한다.

분석철학, 혹은 현대 영미철학이 반형이상학적이라는 견해가 있다. 그러나 그것은 편견이며, 틀린 생각이다. 러셀과 비트겐슈타인에 의해 주장된 논리적 원자론이 바로 형이상학이기 때문이다. 논리적 원자론을 통해 그들은 존재, 세계, 실재의 논리적 구조를 해명하고자 했다. 러셀에 의하면, 논리적 원자론이라는 형이상학은 가령 헤겔의 형이상학에 비해 보다 나은 형이상학이다.

과거 논리가 아닌 새로운 논리, 즉 기호 논리학을 통한 형이상학은 좋은 형이상학이다. 이 새로운 형이상학으로 잘못된 논리에 의존하고 있는 기존의 형이상학을 비판할 수 있기 때문이다. 관계 문장을 주어와 술어 문장으로 환원하면서 등장한 헤겔의 전체론이나 일원론, 그리고 라이프니츠의 다원론이 잘못된 형이상학의 실례라고 할 수 있다. 반면 기호 논리학에 근거한 형이상학, 즉 논리 원자론은 세계가 논리적 원자로 이루어져 있다고 주장한다. 이것이 기호 논리학이 보여주는 생각에 대한 형이상학적 표현이다. 이런 맥락에서 전기 비트겐슈타인은 세계는 대상들의 총체가 아니라 사실들의 총체라고 이야기한다. 즉 우리 사유의 단위는 단어가 아니라, 사실의 언어적 대응물인 문장이라는 것이다.

큰 틀에서 논리 원자론으로 분류되고 있지만, 비트겐슈타인과 러셀의 형이상학은 서로 다른 모습을 보여준다. 그들이 생각하는 논리적 원자는 서로 다르다. 따라서 그들이 생각하는 우리 사유와 언어의 기본 단위가 되는 요소 문장 혹은 원자 문장의 성격도 달라진다. 일반적으로 문장은 주어와 술어로 구성되어 있다. 기호 논리학은 이것을 항argument과 함수function라는 개념을 통해 달리 표현한다. 따라서 전통적인 주어와 술어의 문장은 일항 함수, 혹은 일항 술어 문장이며, 관계 문장은 이항 혹은 다항 함수 문장이 된다.

비트겐슈타인은 요소 문장을 이름들의 결합이라고 생각한다. 그 이름을 단순하게 대상을 지칭하는 표현으로 이해한다면, 이들을 결합시키고 있는 관계가 존재해야 한다. 혹은 그 이름이 관계나 속성을 지시하는 표현들이 허용돼야 한다. 전통적으로 개별자는 이름이나 개념이 지시하는 것이며, 속성이나 관계를 지시하는 표현들은 보편자를 지시한다고 여겨져 왔다. 따라서 요소 문장의 특성을 이해하는 일은 바로 개별자와 보편자의 관계를 이해하는 형이상학적 문제이기도 하다.

강한 인식론적 경향 혹은 강한 경험론적 경향으로 인해 논리 실증주의는 전통 형이상학의 폐기와 추방을 선언한다. 논리 실증주의는 따라서 실재론과 관념론의 문제, 나아가 초월적 형이상학이나 하이데거의 형이상학 등을 진정한 철학적 문제가 아닌 사이비 문제라고 본다. 그러나 이러한 논리 실증주의를 향한 가장 치명적인 반론이 그들의 기본적 생각에 동조하고 있는 콰인에 의해 제기된다.

콰인에 의하면 논리 실증주의가 의존하고 있는 분석성과 종합성의 이분법은 독단이다. 이러한 이분법의 폐기는 과학과 사변 형이상학의 경계를 희미하게 만든다. 물론 그러한 폐기가 사변 형이상학이나 초월적 형이상학, 혹은 하이데거가 말하는 형이상학의 부활을 의미하는 것은 아니다. 그보다는 오히려 형이상학과 대립적인 위치에 있었던 과학에 형이상학적 역할이 부여됨을 의미한다. 콰인은 과학의 실재론적 역할에 대해 주저하지만, 이제 과학은 단순히 세계를 서술하고 정리하는 기능을 넘어 그 자체 존재적 힘을, 단지 도구적 혹은 실용적 기능을 넘어서는 존재적 힘을 가지고 있다. 이런 맥락에서 셀라스는 존재와 비존재를 결정하는 것이 바로 과학이라고 주장한다.

스트로슨은 형이상학을 두 가지 유형으로 구분한다. 하나는 우리가 사용하고 있는 개념틀의 수정을 요구하는 수정적 형이상학이고, 다른 하나는 우리가 사용하는 개념틀을 서술하고 해명하는 서술적 형이상학이다. 스트로슨의 서술적 형이상학은 칸트의 경험의 형이상학에 비견될 수 있다. 형이상학은 가능한가? 칸트에 의하면 사변 형이상학은 학문으로서는 불가능하다. 오히려 가능한 형이상학은 우리 이성의 가능성과 한계를 규명하는 형이상학이다. '선험론적 관념론'이라는 표현으로 제시되는 칸트의 형이상학은 시간과 공간 안에 있는 물리적 대상들과 사건들을 경험하고 이해할 수 있는 개념적 조건들을 서술하고 해명하는 형이상학이라고 할 수 있다. 이러한 칸트의 형이상학처럼 스트로슨의 서술적 형이상학은 우리의 일상 세계, 혹은 그 일상 세계에 대한 이해 가능 조건들을 해명하고 있다. 그에 의하면 기본적 존재 단위, 혹은 개체들은 물리적 대상들과 인간이다. 이 두 가지 것들은 다른 무엇으로 환원될 수 없는 근본적 개별자다.

형이상학은 물리주의라는 형이상학적 논제를 주장한다. 존재하는 모든 것은 기본적으로 물리적이다. 따라서 물리적인 것처럼 보이지 않는 것들은 물리적인 것으로 환원되어 설명되거나 혹은 제거되어야 한다. 이 물리주의의 장애물이 무엇인가? 우리 마음의 존재와 언어의 의미, 개념적 의미이다. 심리철학의 주요 경향이 물리주의이기 때문에, 또 어떤 의미에서 이것은 과학의 시대를 사는 사람들의 상식이기도 한데, 심리철학은 마음의 지향성과 감각질을 물리주의의 문맥에 맞게 해명하려고 노력한다. 이러한 노력은 심리철학적 노력이지만 동시에 형이상학적 노력이기도 하다.

언어 의미나 개념 의미가 갖고 있는 규범성은 자연적이고 물리적인 것으로 환원되기 어렵기 때문에 자연주의적 언어철학자들은 이 규범성을 자연주의 문맥에 맞게 해명하려 노력한다. 이는 언어철학적 작업인 동시에 형이상학적 작업이기도 하다.

만약 형이상학을 아리스토텔레스-아퀴나스 전통에 한정하거나, 혹은 하이데거의 형이상학에 한정한다면 분석철학이 보여주는 이러한 작업을 형이상학적이라 부르기는 어려울 수도 있을 것이다. 그러나 그것은 형이상학이라는 철학의 한 분야를 특정한 형이상학적 주장과 혼동하는 오류를 범하는 것이다. 형이상학이 무엇인가? 적어도 그것은 자연학, 혹은 현대적 용어로는 과학 이상의 문제들을 규명하는 작업이다. 다소 느슨한 개념을 사용해 표현해본다면 그것은 경험적이고 이론적인 과학의 문제들과는 다른 더 일반적이고 포괄적인 이론적 문제를 다루는 작업이라고 할 수 있다. 따라서 존재가 무엇인가? 보편자와 개별자가 무엇인가? 동일성이 무엇인가? 필연성이 무엇인가? 시간과 공간이 무엇인가? 인과성이 무엇인가? 마음과 육체의 관계가 무엇인가? 자유의지는 가능할 수 있는가? 실재론인가? 아니면 반실재론인가? 이 모든 문제는 형이상학적 문제임과 동시에 분석철학의 문제들이기도 하다.

26
한국미학과 구성적 형이상학

　　한국미학을 회고하면서 전망하고 있는 어떤 글에 다음과 같이 써 있다.

"20세기에 행해진 한국미학에 관한 연구는 다양한 각도에서 이루어졌고, 그에 따라 다양한 목소리가 나왔다. …(중략)… 그런데 그것을 자세히 살펴보면 구체적인 예술작품을 통한 미의식 분석에 치우친 면이 없지 않다. 즉 구체적인 예술작품이 나오게 된 철학에 대한 탐구는 별로 없었다는 것이다. 동양의 예술은 동양철학의 바탕 위에서 성립된 것이라고 해도 과언이 아니다. …(중략)… 구체적인 예술작품에 대한 분석과 그것을 통한 한국미 탐색도 중요하지만, 이제는 예술작품의 탄생을 가능하게 한 철학에 대한 탐구가 무엇보다 필요할 때다. 동양의 위대한 예술작품 속에는 그것에 걸맞은 위대한 철학이 농축되어 있기 때문이다."

'한국미학'이라는 이름 아래 수행됐던 탐구들은 구체적인 예술작품에 대한 미의식의 분석이었다. 그런데 이제는 그러한 예술작품이 나올 수 있게 된 사상이나 철학에 대한 탐구가 필요하다. 이러한 사상이나 철학이 동양철학이다. 혹은 동양철학과 거의 구분되지 않는 한국철학이다. 동양의 예술작품이 위대하다면, 그것은 바로 위대한 동양철학 때문이다.

동양철학의 예술적, 미학적 표현이 구체적 예술작품일 것이고, 그러한 구체적 예술작품의 심미성을 정당화해주는 것이 동양철학의 사유일 것이다. '한국미학'이라는 개념은 따라서 다음의 두 가지 의미를 갖고 있다. (i)과거 우리의 예술작품들에서 어떤 고유한 '미의식'이나 미적 특성을 규정하려는 시도, (ii)그러한 미의식이나 미적 특성들에 대한 철학적 정당화가 그것이다.

그런데 나는 '한국미학'이라는 명칭이 반드시 이 두 가지 의미에 한정될 필요는 없다고 생각한다. (i)과 (ii)의 작업에 대한 '메타적 탐구'도 역시 한국미학이며, '우리의 미학'이라고 생각한다. 그렇지 않을 경우, 우리의 '한국미학'은 우리 과거의 심미성을 옹호하는 특정한 철학적 사유에만 한정되고 만다. 따라서 우리 심미성을 옹호하는 음양사상과 같은 사유에 비판적이고 부정적일 경우, 그것은 곧 한국미학을 부정하는 것을 의미하게 된다. 적어도 한국미학의 가능성을 주장하려면 그런 사유의 정당성을 반드시 인정해야만 한다.

어떤 위대한 혹은 가치 있는 동양적 사유가 예술작품을 통해 구현되어야 하는가? 그 글은 다음과 같은 것을 한국미학의 전망으로 주장한다.

동양의 유기체적, 생태학적 세계관, 물아일체物我一體와 천인합일天人合一의 세계관이 미학에 적용되어야 한다. 이런 것의 구체적 표현이 풍류도에 나타나 있는 접화군생接化群生의 미학이다. 나아가 "천지는 나와 더불어 낳았고 만물은 나와 더불어 하나가 된다"는 것과 "천지에는 대미大美가 있지만 말하지 않는다"는 장자莊子적 자연관과 미의식이 필요하다.

유기체적 세계관에 대립되는 것이 기계론적 세계관, 혹은 인과법칙적 세계관이라고 할 수 있다. 어떤 세계관이 더 정당한가? 나는 과학 때문에 인과적이며 법칙적인 세계관, 혹은 물리적 세계관이 더 정당하다고 생각한다. 만약 이러한 세계관이 정당하다면, 구체적인 동양 예술작품들을 정당화해주는 동양철학적 사유는 정당성이 없는 것으로 거부되어야 할 것이며, 따라서 결국 한국미학 자체가 부정당하게 될 것이다.

나는 '물아일체'나 '천인합일'을 기껏해야 비유적 표현에 지나지 않는다고 생각한다. 중요한 것은 이러한 생각이 한국적인 것인지 아니면 동양적인 것인지와는 상관없이, 이러한 생각이 갖고 있는 어떤 논리적 위상을 따져보는 일이라고 생각한다. 가령 최치원의 접화군생接化群生은 사실 명제인가? 아니면 형이상학적 명제인가? 혹은 그랬으면 좋겠다는 어떤 소중한 소망을 표현하고 우리에게 그러한 소망에 동참하기를 요구하는 명제인가?

올드리치V. C. Aldrich는 그의 『예술철학』에서 철학의 위대한 전망을 우리에게 제공해주는 것이 바로 '구성적 형이상학'이라고 주장한다. 이런 구성적 형이상학과 예술의 관계에 대해 그는 다음처럼 말한다.

"구성적 형이상학의 목적은 철학의 위대한 비젼(전망)을 우리에게 제공해주는 것이다. 즉 이 구성적 형이상학은 그것이 예술에 대한 해석이 되고 있을 때, 그것이 주제로 다루고 있는 다른 형태의 예술작품 때문에 생기게 되는 하나의 언어적 예술인 셈이다. 요컨대 이와 같은 구성적 형이상학과 예술의 관계는 곧 음악의 콤퍼지션과 승리 같은 주제와의 관계나, 혹은 그림과 그 모델의 관계와 같다. 그러므로 나는 구성적 형이상학의 논리는 역시 표현적 묘사의 논리이며, 그것의 재료는 콤퍼지션이 잉태하여 분절화, 형식화시켜 놓고 있는 우주적 이미지를 위해 나열된 추상적 용어들의 일상적 의미들이라고 결론짓는다. '실체' '정신' '물질' 및 '형식' 등이 바로 그러한 용어들의 사례가 되고 있다고 할 수 있다."

올드리치가 이야기하는 구성적 형이상학은 스트로슨이 말하는 '수정적revisionary 형이상학'의 변형물이다. 수정적 형이상학이 우리가 그것에 의존하는 개념틀을 대체하고 변경할 것을 요구하는 것처럼, 구성적 형이상학은 실체, 정신, 물질, 형식 등의 개념에 마치 예술이 그러하듯 새로운 전망, 혹은 우주적 이미지를 제시하려고 한다.

이것을 제시하는 방식은 대상에 대한 '서술적 묘사의 논리'가 아니라, 이미지나 인상을 묘사하는 '표현적 묘사의 논리'에 따른다고 올드리치는 주장한다. 즉 예술은 대상에 대한 서술이 아니라, 상상력의 표현이다. 예술작품은 표현적 묘사의 논리에 따라, 가령 죽음, 사랑, 미움, 고통, 늙음 등에 대한 우주적 이미지를 보여주는 것이다. 마찬가지로 구성적 형이상학은 예술처럼 표현적 묘사의 논리에 따라 우주적 이미지 혹은 철학의 위대한 전망을 보여준다.

나는 이런 올드리치의 주장이 설득력 있다고 생각한다. 우리의 미학적 사유 혹은 우리의 동양철학적 사유는 일종의 수정적 형이상학이며, 따라서 그것은 표현적 묘사의 논리를 따르는 일종의 예술이다.

27
심미 형이상학

나는 동양철학의 형이상학을 일종의 심미적-도덕적 기능으로서 파악한다. 가령 음양陰陽설을 세계가 진짜 음양으로 되어 있다는 형이상학적, 실질적 주장으로 파악하는 대신, 실제로는 그렇지 않지만 마치 그런 것처럼 간주해보자는 제안으로 이해한다. 실제로는 세상이 음양으로 이루어져 있지 않은데, 왜 마치 그런 것처럼 간주해보자고 하는가?

첫째, 과학의 형이상학과 충돌하지 않기 위해서다. 세상은 음양으로 되어 있거나 리기理氣로 이루어져 있지 않다. 세상은 물리적인 것들로 이루어져 있다. 둘째, 동양철학의 형이상학적 주장을 그저 쓸데없는 혹은 비과학적 사유라고 함부로 무시할 수 없기 때문이다. 오히려 그 주장을 심미적-도덕적 관점에서 이해함으로써 우리는 그 주장의 의도를 정당화할 수 있다.

『대학문大學問』에 나타나 있는 왕양명의 사유가 이것을 잘 보여준다고 생각한다. 그는 거기에서 학문의 목적을 나와 세계가 하나 되는 것이라고 말한다. 따라서 나는 우물에 빠지는 어린아이와 하나가 되어 그를 구해주어야 하고, 생명을 지닌 동물이나 식물과 하나가 되어 생명을 배려해야 하고, 기왓장과도 하나가 되어 그것을 함부로 다루지 않아야 한다.

그러나 나와 세계는 글자 그대로 하나가 될 수 없다. 나와 세계가 하나 된다는 말은 하나의 비유다. 마치 내가 우물에 빠지는 어린아이와 하나인 것처럼 간주함으로써 나는 그의 고통과 불안이 내 고통과 불안인 것처럼 내 상상력의 공간에서 느낄 수 있다. 장자가 말하듯 그래서 나는 나비가 아님에도 불구하고 마치 나비인 것처럼 나비의 모든 것을 느낄 수 있다. 그 결과, 나는 적어도 내가 아닌 것, 즉 타자를 배려할 수 있는 하나의 가능성을 상상력의 공간 속에 마련할 수 있다.

형이상학의 심미-도덕적 기능, 올드리치는 이것을 그의 『예술철학』에서 '구성적 형이상학'이라고 부른다. 구성적 형이상학이란 무엇인가? 그것은 예술 일반에 대한 해석들이 보여주고 있는 어떤 시도이다. 가령 프로이트나 융은 무의식의 관점에서 예술 일반을 해석한다. 마리탱은 신적 관점에서 예술을 해석하려 하고, 쇼펜하우어는 맹목적 의지의 관점에 예술을 해석하려 한다. 올드리치에 의하면 이러한 것들, 즉 검증되거나 반증되지 않는다는 의미에서 형이상학적이라고 할 수 있는 이러한 시도들이 보여주고 있는 것이 바로 '철학의 위대한 전망'을 보여줄 수 있다.

이런 방식으로 철학의 위대한 전망을 보여주는 시도들이 바로 '예술적'이다. 따라서 그것은 그 주장들의 참과 거짓이 경험적으로 검증되거나 입증되는지의 논의 차원을 떠나 있다. 오히려 그러한 시도들은 예술의 언어 사용방식, 즉 '표현적 묘사의 논리'를 따르고 있다.

올드리치가 말하는 표현적 묘사의 논리는 인상이나 이미지를 전달하는 언어 사용방식이다. 한마디로 주관적이며 사적인 것이 아니다. 그것은 칸트가 『판단력비판』에서 이야기하고 있는 심미적 판단의 경우처럼, 권유적이며, 제안적이며, 동참을 요구하는 것이다.

철학적으로 혹은 일상적으로 중요한 추상적 용어들, 올드리치는 실체, 정신, 물질, 형식 등을 들고 있지만, 아마 에로티즘, 공포, 불안, 사랑, 미움, 운명, 사치, 놀이, 도박, 광기, 저주, 죽음 등을 포함하는 그 용어에 대한 우주적 이미지를 제시하고 우리에게 그런 이미지에로 동참을 요구하는 것이 바로 구성적 형이상학의 기능이다. 이는 예술 일반에 대한 해석을 시도하고 있는 철학적 노력에서도 볼 수 있고, 철학적, 혹은 형이상학적이고자 하는 예술에서도 볼 수 있다. 이런 의미에서 구성적 형이상학이 보여주는 철학의 위대한 전망은 곧 예술의 위대한 전망이기도 하다.

그러나 올드리치는 자신의 작업을 구성적 형이상학이 아닌, 서술적 형이상학이라고 주장한다. 즉 자신의 작업은 예술 현상에서 가장 근본적인 개념과 언어 들에 대한 개념 지도를 서술하는 것이라고 말이다. 올드리치의 이런 생각은 형이상학을 서술적 형이상학과 수정적 형이상학으로 구분하는 스트로슨의 견해를 채용한 것이다. 스트로슨과 다르게 올드리치는 예술에 구성적 형이상학적 기능을 부여하고 있고, 따라서 구성적, 수정적 형이상학에 예술적 기능을 부여하고 있다.

나는 올드리치의 주장이 하이데거에게도 적용될 수 있다고 생각한다. 하이데거는 다음과 같이 말한다.

"너무 오래 신어서 가죽이 늘어나버린 신발이라는 이 도구의 안쪽 어두운 틈새로부터 밭일을 나선 고단한 발걸음이 엿보인다. 신발이라는 이 도구의 수수하고도 질긴 무게 속에는 거친 바람이 부는 드넓게 펼쳐진 평탄한 밭고랑 사이로 천천히 걸어가는 강인함이 배어 있고, 신발 가죽 위에는 기름진 땅의 습기와 풍요로움이 깃들어 있으며, 신발 바닥으로는 저물어가는 들길의 고독함이 밀려온다. 신발이라는 이 도구 가운데에는 대지의 말없는 부름이 외쳐오는 듯 하고, 잘 익은 곡식을 조용히 선사해주는 대지의 베풂이 느껴지기도 하며, 또 겨울 들녘의 쓸쓸한 휴경지에 감도는 해명할 수 없는 대지의 거절이 느껴지기도 한다. 더 나아가 이 도구에서는 빵을 확보하기 위한 불평 없는 고심과, 고난을 이겨낸 후 오는 말없는 기쁨과, 출산에 임박해서 겪어야 했던 산모의 아픔과 죽음의 위협 앞에서 떨리는 전율이 느껴진다. 이 도구는 대지Erde에 속해 있으며, 농촌 아낙네의 세계Welt 속에 포근히 감싸인 채 존재한다. 이렇듯 포근히 감싸인 채 귀속함으로써 그 결과, 도구 자체는 자기 안에 고요히 머무르게 된다. 그림 속에 있는 신발을 가만히 살펴보아도 우리는 이 모두를 알게 될 것이다." (하이데거, 『예술작품의 근원』)

구두에 대한 하이데거의 주장을 어떻게 받아들여야 하는가? 이 주장은 정당성을 입증해야 하는 하나의 철학적 주장이 아니다. 이것이 바로 올드리치가 말하는 '표현적 묘사의 논리'다. 따라서 고흐의 구두를 보면서 우리는, 하이데거가 권유하고 있는 것처럼, 농촌 아낙네의 세계와 대지를 그와 동참하여 바라보고 체험해야 한다. 아마 이것은 하이데거의 주장을 참과 거짓의 대상과는 다른 방식으로 간주해보는 시도일 것이다. 만약 하이데거의 이야기에 공감한다면, 우리는 그의 권유에 동참하는 셈이 된다.

28
존재의 윤리

나는 이기주의자가 아니다. 나는 윤리적인 것과 관련해서는 가라타니 고진이 그렇듯 칸트의 윤리학을 좋아한다. 고진이 말한다. 윤리나 도덕은 개인의 행복에 대한 것이 아니다. 사회적 행복에 대한 것도 아니다. 내가 원하는 욕구의 충족과 관련돼 있는 것도 아니다. 고진이 칸트에게서 발견한 윤리의 핵심은 바로 자유, 자율, 자발성이다. 나의 윤리적 행위가 가능하기 위해서는 내가 자유여야 하며, 그 자유는 내 스스로 자율적이며 자발적으로 어떤 것을 선택하고 그것을 실행함을 의미한다.

그런데 나는 자유인가? 아니면 나는 인과적 기계인가? 이것이 바로 '자유론과 결정론'이라는 유명한 철학적 문제다. 나는 자유가 실천적 개념이라고 생각한다. 비록 내가 자유가 아니라는 이론적 주장이 있다 하더라도, 나는 실제로 자발적으로 행위한다. 자유는 내 행위를 통해 입증되는 개념이다. 도덕이나 윤리도 마찬가지라고 생각한다. 나는 도덕적인가? 이것은 결국 내 행위나 실천, 즉 내 삶을 통해 내 스스로 입증하는 것이다.

고진은 "실제로 자유로운 주체는 없다"고 말한다. 아마도 그의 주장을 "자유로운 주체의 문제는 이론이 아닌, 실천의 문제다"라고 번역하는 게 적절할 것이다. 그가 "자유로운 주체가 있다"고 말할 때, 그 말은 자유로운 주체여야 한다는 실천적 명령이다. 자유로운 주체, 혹은 도덕적 주체로서 나는 타인을 마땅히 배려해야 한다. 나는 타인을 실제로 한갓 된 수단만이 아니라 목적으로 대우해야 하고, 그렇게 대우한다. 아마도 이것이 가라타니 고진이 이야기하는 "타인에 대한 응답"일 것이다.

어떻게 살아야 하는가? 칸트에 의하면, 우리는 인간을 단지 수단이나 도구가 아닌 목적으로 대우하는 그런 삶을 살아야 한다. 이런 칸트의 주장을 공자는 충서忠恕로 표현하고 있다. 네가 하기 싫은 일을 남에게 강요하지 말라. 네가 서고 싶으면 타인을 먼저 세워라. 공자가 이야기한 이 두 가지가 바로 인간을 수단이 아닌 목적으로 대우하는 조건이다.

왕양명이 『대학문』에서 다음과 같이 이야기한다.

"대인大人이란 천지만물을 한 몸뚱어리처럼 생각하는 사람이다. 그는 천하를 한 식구처럼 생각한다. 형해形骸를 구분하고 너와 나를 나누는 자는 소인小人이다. 대인이 천지만물을 일체로 삼을 수 있는 까닭은 일부러 그렇게 하려고 했기 때문이 아니라, 그 마음의 인仁이 본래 이와 같이 천지만물과 일체가 되었기 때문이다. 어째서 대인의 마음만이 그럴까? 소인의 마음도 역시 그렇지 않음이 없다. 그런데 소인은 스스로 작게 만들었을 뿐이다. 그러므로 어린아이가 우물에 빠지는 것을 보고는 반드시 깜작 놀라 측은한 마음을 갖는다. 이것이 바로 인仁에서 그가 어린아이와 더불어 일체를 이루는 것이다. 조수鳥獸가 슬피 울부짖고 벌벌 떨며 가는 것을 보면 반드시 그것을 참지 못하는 마음, 불인인지심不忍人之心을 갖는다. 이것이 바로 조수를 사랑하는 마음속에서 그가 조수와 일체를 이루는 것이다. 새와 짐승은 지각을 가진 존재다. 또 초목이 꺾여 있는 것을 보면 반드시 불쌍히 여기는 마음, 민휼지심憫恤之心을 갖게 되는데, 이것은 인이 초목과 일체가 되는 것이다. 초목은 살려는 의지를 가진 존재다. 기왓장이나 돌이 깨진 것을 보아도 반드시 돌아보며 애석히 여기는 마음, 고석지심顧惜之心이 있게 된다. 이것은 인이 기왓장, 돌과 일체가 된 것이다."

존재의 윤리

대인大人, 진정한 인간이란 무엇인가? 그는 세계와 하나가 되는 자다. 우물에 빠지려는 어린아이와 하나가 되어 그를 도와주는 자다. 새와 짐승과 하나 되어 새와 짐승의 고통을 이해하고 그들을 도와주는 자다. 기왓장이나 돌과도 하나가 되어 그것을 함부로 취급하지 않는 자다. 도대체 이것이 어떻게 가능할 수 있는가?

실제로 우리는 어린아이와 하나가 될 수 없다. 그러나 상상적 공감을 통해 우리는 어린아이의 고통과 불안을 이해해볼 수 있다. 나아가 예술적 감동의 경우처럼 그 어린아이가 겪는 고통을 마치 내 것인 것처럼 느낄 수 있다. 예술은 바로 상상력을 통해 이것을 가능하게 한다.

인간다워져야 한다. 인간적 품위를 가져야 한다. 제 아무리 부자고 높은 직책에 있다 해도, 인간적 품위가 없다면 다 거품에 지나지 않는다. 내가 좋아하는 공자의 글귀가 바로 이것이다. 인간이 되지도 못한 채 예의가 무슨 소용이고 음악이 무슨 소용 있겠는가?

도덕이 어떻게 가능한가? 칸트가 세 가지 조건을 주장한다. 첫째, 나는 자유 존재여야 한다. 나는 자유의지를 가진 존재다. 따라서 내 행위에 대한 책임을 지는 존재다. 둘째, 신이 존재해야 한다. 신은 우리의 도덕적 행위를 심판하는 자다. 신이 존재하지 않는다면, 현세에서 비도덕적 존재들이 행복하게 사는 상황을 제어할 수 없다. 그들은 비록 이 세상에서는 행복하고 부유하게 살고 있다 하더라도, 신의 심판에 의해 영원한 고통 속으로 떨어질 것이다. 셋째, 우리가 그 심판자인 신을 만날 수 있도록 우리 영혼이 불멸해야 한다. 이 세 가지 조건이 바로 도덕이 가능할 수 있는 선험론적 조건이다. 혹은 도덕 가능성에 대한 세 가지 요청 조건이다.

이 세 가지 조건 아래에서 칸트는 "도덕적"이라는 개념을 분석한다. 그것은 정언적, 즉 무조건적이어야 한다. 도덕은 어떤 행위가 우리에게 주는 이익이나 효과에 의해 조건적으로 평가되지 않는다. 도덕은 그것이 옳기 때문에 우리가 따라야만 하는 그런 것이다. 또한 도덕은 명령 문장으로 표현되어 우리의 행위를 규제해야 한다. 따라서 도덕적 판단은 정언명령으로 표현되어 나타나야 한다.

이런 정언명령, 혹은 정언명법은 세 가지로 구체화된다. 보편적으로 행동하라. 인간을 단지 수단만이 아니라 목적으로 대우하라. 자율적으로 행동하라. 보편성, 인간 목적성, 자율성이 바로 도덕의 핵심이다.

적어도 어떤 것을 '도덕적'이라고 말할 수 있다면, 그것은 반드시 보편적이며, 인간 목적적이고, 자율적이어야 한다. 이 세 가지 규준에 맞지 않는 것에 대해 우리는 '도덕적'이라는 수식어를 붙일 수 없다.

그런데 이 모든 논의는 바로 우리의 실제적 실행이나 실천의 영역 위에서 성립하는 것이다. 도덕에 대한 칸트의 주장이 정당하다는 것을 우리가 어떻게 알 수 있는가? 내가 자유라는 것이 내가 자유로운 행동을 실제로 실행함으로써 입증될 수 있듯, 내가 도덕적 존재라는 것은 실제로 내가 타인을 배려함으로써 가능하다.

칸트가 도덕의 가능성에 대해 이야기한다면, 마르크스는 도덕적 공동체의 가능성, 혹은 도덕적 사회의 가능성에 대해 탐구한다. 어떻게 도덕적 사회가 가능한가? 그러한 사회가 가능하기 위해서는 다음과 같은 세 가지 조건들이 충족돼야 한다. 첫째, 우리가 자유 존재여야 한다. 우리는 우리가 스스로 선택할 때에만 그 행위에 책임을 질 수 있다. 둘째, 계급이 철폐돼야 한다. 자신이 선택하지 않은 외부적 조건 때문에 어떤 한 인간의 가능성이 실현되지 못하는 사회는 비도덕적인 사회다. 자본을 소유하지 못한 무산 계급은 생존을 위해 노동 시장에 나가 자신의 노동력을 상품으로 팔아야 한다. 주체적 존재로서의 인간이 상품의 도구가 되는 사회는 결코 도덕적인 사회가 아니다. 셋째, 능력에 따라 일하고 필요한 만큼 갖고 가는 원칙이 성립돼야 한다. 능력에 따라 일하고 그에 따른 보상을 받는다는 말은 결국 우리 인간 사회를 동물 사회로 만드는 것일 뿐이다.

29
왜 아직도 철학이 필요한가?

왜 아직도 철학이 필요한가? 이것이 바로 아도르노가 던진 질문이다. 철학의 필요성을 정당화할 수 없다 해도 우리가 근원적인 어떤 문제에 대해 지성적 호기심을 갖고 있는 한, 철학은 존재할 수밖에 없다. 칸트는 이러한 철학, 보다 정확하게는 철학적, 형이상학적 경향이 우리 인간에 내재적인 것이라고 주장한다. 칸트가 비판하는 것처럼 때로는 이러한 경향에 대한 절실함이 너무 강해 우리의 이성은 자신의 한계를 넘어 어떤 형이상학적 주장을 철학적 진리로서 강변하기도 한다. 사변 형이상학은 학문이 아니라는 칸트의 비판에도 불구하고, 우리는 여전히 사변 형이상학적 주제들을 끊임없이 추구한다.

경영학은 왜 필요한가? 사람들이 그것을 요구하고 그것으로부터 어떤 필요성을 느끼기 때문이다. 사람들이 철학을 요구하는가? 물론 철학을 요구한다. 그 요구의 정도가 소위 '경영경제서'로 분류되는 것보다는 강하지 않다 해도 사람들은 분명 철학을 요구한다. 사람들은 거기에서 어떤 필요성과 도움을 얻고 있는가? 과연 우리의 철학은 사람들이 철학에게 요구하는 어떤 지성적 필요성에 적절하게 대응하고 있는가? 그래서 철학으로부터 무엇인가를 얻고자 하는 사람들에게 도움을 주고 있는가? 분명 이 물음은 철학의 실용성을 묻는 세속적 물음과는 구분된다. 철학의 실용성에 대한 세속적 질문은 철학이 돈벌이에 얼마나 도움을 줄 수 있는지 묻는 것에 불과하기 때문이다.

"한 시대의 정신으로부터 낡고 불필요한 존재로 낙인찍힌 사물을 옹호하는 자는 지극히 불리한 입장에 놓이기 마련이다. 그의 주장이 자신 없어 보이고 '좋습니다. 그러나 한번 잘 생각해보십시오'라고 말할 때, 그는 원하지 않는 사람에게 약을 팔아넘기려는 약장수의 인상을 주게 되는 것이다. 철학에 등을 돌리지 않으려는 자는 이러한 숙명을 감수해야 한다. 그는 철학이 생활의 지배를 위한 기술로써는 더 이상 아무런 쓸모가 없음을 알아야 한다. 기술과 철학의 관계가 밀접했던 시대는 지나갔다. 또한 철학은 기술 분야뿐 아니라 교양의 매체라는 기능도 이미 수행할 수 없다. 헤겔의 시대에는 비록 30년이란 짧은 세월 동안이었지만, 소수의 독일 지식인들이 철학을 그들의 집단 언어로 채택하였었다. 인문주의적 교양 개념이 흔들리기 시작하자, 대략 칸트의 죽음 이후로부터 실증주의적인 제반 학문들과의, 특히 자연과학과의 불화로 의심을 받기 시작한 철학은 일반 의식으로부터 유리되면서 이 시대의 첫 번째 학문적 희생물이 된 것이다. 칸트나 헤겔 연구의 르네상스가 사태에 영향을 주지 못한 것은 그 명칭 자체가 무력한 것이기 때문이다."

아도르노에 의하면 철학은 한 시대의 정신으로부터 그 필요성 없음을 선고받았다. 철학은 더 이상 필요하지 않은, 낡고 추잡한 존재에 불과하다. 이런 낙인찍힌 존재인 철학을 여전히 우리에게 필요하다는 식으로 강변하거나 설득력 있게 보이게 애쓰는 사람은 바로 '약장수'에 지나지 않는다. 약장수는 약을 팔아야 한다. 마찬가지로 약장수 철학자도 철학이라는 약을 팔아야 하는가? 이미 우리에게 너무나 진부해서 아무런 감동을 주지 못하는 말, 그것이 만약 좋은 약이라면 구태여 약을 선전하거나 팔아보려 발버둥치지 않아도 된다. 아마 철학도 이와 마찬가지일 것이다. 진짜 좋은 철학이라면, 따라서 사람들이 진정으로 필요로 하는 철학이라면, 그것을 팔기 위해 떠들 필요는 없을 것이다.

그러나 아도르노의 비관적 진단에 의하면 이 시대에는 어떤 철학도 좋은 철학일 수가 없다. 우리에게 막강한 영향을 미치는 기술은 자신이 철학과 아무런 관련성이 없다고 선언했다. 전기밥통을 만들거나 그것을 조작하는 기술은 철학과 아무런 관계가 없다. 기술이 소비자의 편의를 생각한다고 하지만, 그것은 소비자를 인간으로 대우하기 위해서가 아니라 단지 밥통을 팔기 위해서일 뿐이다. 아도르노는 철학이 이제 교양 매체로서의 기능도 수행할 수 없다고 주장한다.

철학은 왜 교양적 기능을 수행할 수 없는가? 아도르노에 의하면 실증주의적이며 자연과학적인 것과 불화를 빚는 철학은 더 이상 지탱될 수 없기 때문이다.

"마침내 철학은 학문의 전문화라는 시류에 따라 스스로 하나의 전문적 학문으로서 재정립되었다. 그러나 전문적 학문으로서의 철학은 전문적 지식을 소유하지 못했다. 즉 철학은 철학이 정신의 자유라는 철학 고유의 개념을 여전히 고수하고 있다는 사실을 인정하려 들지 않았다. 그러나 바로 이 정신의 자유가 철학으로 하여금 전문화된 학문이 요구하는 것을 갖추지 못하게 한 것이다. 이처럼 철학은 특정 내용을 금기로 했기 때문에 그것이 형식논리학이든 인식론이든 존재신화학이든 현실적인 사회 목적 앞에서 파산 선고를 받지 않을 수 없었다."

아도르노는 자연스럽게 철학의 교양적 기능과 전문화를 배치시킨다. 철학도 학문인 이상 이제 전문화되어야 한다. 그러나 아도르노에 의하면 그것은 철학 자체의 이념에 비추어 본래적으로 불가능하다. 철학은 정신의 자유에 의존하고 있다. 따라서 철학은 특수한 전문적 지식에 의존하여 전개되는 활동이 아니다.

우리의 경우는 어떠한가? 우리의 철학은 전문화되어 있는가? 아니면 교양의 매체라는 기능을 수행하고 있는가? 아니면 사회의 모든 지성적 작업에 대한 치열한 비판적 기능을 수행하고 있는가? 소수의 약장사들을 제외하고 진정으로 철학을 요구하고 있는 자들이 있는가? 도대체 우리의 철학은 이 땅에 살고 있는 사람들에게 무엇을 해줄 수 있단 말인가?

철학과에서 교직 과목들을 이수하면 '철학교사' 자격증을 준다. 그런데 이 자격증이란 것이 거의 쓸모가 없다. 철학교사를 뽑는 곳이 거의 없기 때문이다. 윤리학 혹은 도덕철학이 철학의 한 분과이기 때문에 철학교사가 윤리를 가르칠 수 있다는 주장은 아주 자명한 사실이다. 그러나 철학과 출신은 '철학교사'만 될 수 있고, '윤리교사'는 윤리학과 출신만 될 수 있다. 윤리교사는 임용시험을 통해 뽑지만, 철학교사는 임용시험의 대상조차 되지 않는다. 현실이 이런데 누가 철학과에서 교직을 이수하려고 하겠는가?

과연 철학교사는 윤리를 가르칠 수 없는가? 오직 윤리교사만이 윤리를 가르칠 수 있는가? 이 질문에 대한 한 가지

답변은 윤리학은 철학에만 한정되지 않는 종합학문이라는 것이다. 즉 철학과에서는 철학적 윤리학을 공부하지만, 윤리학과에서는 철학적 윤리학뿐만 아니라, 도덕 심리학, 도덕 교육학, 혹은 도덕 사회학 등을 배운다. 우리의 도덕적 발달 단계나 도덕적 심리 의식의 형성에 대해, 그리고 도덕 교육을 어떻게 할 것인지에 대해 철학과에서보다 많이 배운다는 것이다. 그렇지만 이것이 철학교사가 윤리를 가르칠 수 없다고 주장할 수 있는 핵심적 논거가 될 수 있는지는 매우 의심스럽다.

도덕 교육학은 어떤 의미에서 철학이 아니라 교육학이다. 실제로 교직과목을 이수하면 교육철학과 교육학을 배운다. 도덕 심리학moral psychology은 심리학일 수도 있고, 철학일 수도 있다. 철학으로서의 도덕 심리학은 도덕적 심리언어에 대한 분석을 의미하며, 철학에 속한다.

반면 과학으로서의 도덕 심리학은 말 그대로 심리학이라는 과학에 속한다. 그런데 우리가 배우는 도덕 심리학은 도덕 발달에 관한 외국의 유명한 학자의 이론을 책으로 배우는 것에 불과하다. 실제 실험적으로, 자연과학적으로 도덕 심리학에 접근하는 우리 학자가 있는지 모르겠다. 따라서 책으로 배울 뿐인 도덕 심리학을 철학과에서는 전혀 배울 수 없다는 주장은 설득력이 없다.

반드시 윤리학과 출신이 윤리를 가르쳐야 하고 철학과 출신이 철학을 가르쳐야 한다고 해도 좋다. 그럼에도 철학 교사들을 임용조차 하지 않는 지금의 상황은 교육 책임자들의 무교양을 보여준다고 생각한다. 그들은 노직이 말한 것처럼 철학책을 읽고 그 벅찬 감동을 함께 이야기하고 싶은 그런 체험이 전혀 없는 존재들이다. 이런 존재에게 철학이 무슨 소용이 있겠는가? 대학입시 수단인 '논술'에만 주목해보아도, 논술은 단지 문학적 글쓰기가 아니라, '논증적 글쓰기'이며, 강조하듯이 철학적이며 '통합적 글쓰기'이다. 이런 것에 교육 책임자들의 생각이 미치지 않기 때문에, 아이들이 논술을 배우러 학원에 간다. 교육 책임자들은 통렬하게 반성해야 한다.

내가 왜 그들에게 철학에 대한 관심을 구걸해야 하는가? 가령 심리학 강의에는 사람들이 많이 몰리는데, 철학 강의를 수강하고자 하는 사람은 왜 없는가?

어떤 의미에서는 취미로 철학을 하는 사람들이 부럽다. 그냥 철학은 취미로 해야 하겠다. 취미로 철학하는 경우에는 철학을 구걸할 필요가 없다. 당신들이 인간이라면 반드시 함께 듣고 생각해봐야 한다고 강조할 필요도 없다. 그냥 나름대로 취향이 맞기에 하는 것일 뿐이다.

그렇지만 사실 자기가 가진 생각에 대해 골똘히 반성해 보고자 한다면, 아마 철학이나 철학적 사유가 요구될 것이다. 이런 의미에서 철학은 메타적이다. 내가 갖고 있는 생각의 정당성, 그것이 갖고 있는 함축들을 메타적으로 생각해 보는 것이 철학이다.

일상적으로 갖고 있는 생각들을 메타적으로 반성하는 것은 사실 누구나 할 수 있는 것이지만, 그것을 진짜로 잘하는 것은 사실 철학자의 생각, 즉 철학책을 메타적으로 반성하는 일보다 후러씬 어렵다. 그러나 때로 이것은 매우 쉬운 것처럼 과장되기도 한다.

그렇게 과장된 철학은 거의 대부분 철학이라는 이름을 참칭하는 개똥철학일 것이다. 개똥철학은 그럴싸한 문학적 글재주를 첨가하여 마치 심오한 통찰력을 우리에게 주는 것처럼 사기 친다. 깊게 반성하고 싶지 않은 자들, 다른 사람들의 그럴싸한 이야기를 듣고 그것을 자기의 신조로 삼으려는 사람들, 약간이라도 골치 아픈 종류의 철학책들은 전혀 읽지 않는 자들이라면 이런 귀동냥을 하는 것도 의의가 있을 수 있다. 그로부터 시작하여 더 심화될 수 있는 가능성이 있기 때문이다.

그러나 자기가 갖고 있는 일상적인 생각조차 반성하

지 않고, 게다가 문학책조차 잘 읽지 않는 이들에게 철학이나 철학의 필요성을 강조하는 일은 아무런 의미도 없을 것이다. 어쩌면 일생에 한 번도 접해 보지 않은 철학책이라 할지라도, 물론 곤욕스럽겠지만, 그것을 읽는다는 것은 인간이라는 이름으로, 혹은 글을 읽고 쓸 줄 안다는 의미에서 영광일 수 있다. 문학적인 글들을 읽고 그것에 감동하고, 그 감동의 정체를 그 나름 논리적으로, 즉 메타적으로 정리해보는 시도 자체는 자기 자신의 생각을 객관화해보려 노력한다는 의미에서 자신이 성숙하다는 것을 보여줄 수 있다.

그런데 포장된 개똥철학이 마치 진정한 철학인 것처럼, 혹은 자신의 주관적 감흥이 철학의 핵심인 것처럼, 혹은 어떤 철학적 명언들을 앞 뒤 문맥 다 잘라먹고 거기에 별로 신빙성도 없는 자기 소감을 덧붙이는 것을 마치 대단한 것처럼 여기는 것은 잘못된 것이다. 이런 것들을 기초로 해서 더 깊게 혹은 더욱 합리적인 방향으로 나아가야 비로소 단단한 철학적 사유가 가능할 수 있다. 동시에 독자들 또한 스스로 훈련해서 이런 것들을 판단할 수 있도록 연습해야 한다.

이러한 기본적 사유 능력이 있다 해도 살아가면서 직면하게 되는 문제에 대해 책임질 수 있는 철학적 주장을 하기란 참으로 어렵다. 이것을 무시할 때, 섣부른 자기주장으로 마치 모든 문제를 다 해결하거나 해소시킬 수 있다는 듯이 과장하게 된다.

내 이야기만 들으면 네가 가슴에서 느끼는 근본적 고통들이 사라지거나 치유된다. 그러나 그런 것이 도대체 어디에 있겠는가? 하늘에서 한 방에 목돈이 떨어지는 것을 기대하듯 내 삶의 문제를 한 방에 해결해 줄 수 있는 그런 것이 어디에 있겠는가? 그런 게 있다고 이야기하는 것 자체가 이미 사기다. 사기꾼들이 그러하듯 이런 이야기를 하는 자들은 사실 자신들 삶의 문제조차 잘 해결하지 못하면서 단지 그렇지 않은 양 과장하고 있을 뿐이다, 라고 나는 생각한다.

III
목소리

1

　모르는 것을 아는 척 하지 말라. 이 말은 타인을 공박할 때 사용될 수도 있지만, 사실 자기 자신을 반성할 때 가장 빛나는 말이다. 모르는 것에 대해 아는 척 하는 것은 인간적으로 창피한 일이다. 스스로를 속이는 일이기 때문이다.

2

　인간은 이기적이지 않다. 인간이지만 이기적이지 않은 존재가 있기 때문이다.

3

　나는 이기적인가? 그것은 이론적 문제가 아니라 실천적 문제다. 따라서 "나는 이기적으로 살고 있는가?"라고 물어야 한다.

4

　항상 그 주장에 대한 논거가 무엇인지 물어보아야 한다. 이는 타인의 주장뿐만 아니라 자기주장에 대해서도 마찬가지다. 왜냐하면 철학은, 취향의 정당화이기 때문이다. 철학은 내 취향을 설득력이 있는, 즉 정당한 논증을 통해 정당화하는 일이다.

5

나에게 칸트와 비트겐슈타인의 사유가 매우 강력한 영향을 미치고 있다. 그들의 사유를 무비판적으로 추종하지 않는 것이 중요할 것이다. 그들 사유의 대리자가 된다는 것은 결국 내 주체성을 부정하는 것과 마찬가지이기 때문이다.

6

철학은 논증적이어야 한다. 따라서 철학은 단지 철학 텍스트의 번역이 되어서는 안 된다. 마찬가지로 철학을 소문으로 해서는 안 된다. 그렇게 되면 어떤 이론이나 주장의 결론만을 수용하는 것에 지나지 않기 때문이다. 우리가 물어야 할 것은 그 결론을 뒷받침하는 근거다. 근거와 결론의 관계가 정당한지를 평가해야 한다.

7

우리 사회에서 철학이 소외되고 있다. 철학의 가치와 중요성이 부정되고 있다. 따라서 철학의 가치와 중요성을 정당화하고, 설득하는 일이 중요하다.

8

철학에 대한 어떤 오해를 수정해야 한다. 가령 철학은 이제 하늘에서 내려와 현실 속에 자리 잡아야 한다는 주장은 철학의 근본적 성격을 오해하고 있다. 철학은 근본적으로 현실 전체, 혹은 현실이 의존하고 있는 터전에 대한 탐구이기 때문이다.

9

어떻게 살아야 하는가? 이런 문제에 대한 해답을 철학에게 요구하지 말라. 왜냐하면 그것은 네 스스로 해결해야 하는 문제이기 때문이다. 그것이 어려우면 차라리 종교에 의존하라.

10

어떤 정치적 태도를 취해야 하는가? 이런 문제에 대한 해답을 철학에게 요구하지 말라. 왜냐하면 이 또한 네 스스로 해결해야 하는 문제이기 때문이다.

11

텍스트를 철학적으로 읽어야 한다. 즉 텍스트를 논증적으로 읽어야 한다. 왜냐하면 그러한 읽기가 우리의 비판하는 능력을 눈에 보이지 않게 키워주기 때문이다.

12

주체적이어야 한다. 왜냐하면 실존이 본질에 선행하기 때문이다. 주체적이어야 한다. 왜냐하면 내 삶은 바로 내가 사는 것이기 때문이다. 주체적이지 않으면, 내 삶은 내가 사는 것이 아니라, 타인이 사는 것과 마찬가지다.

13

그들의 기준에 맞춰 우리 철학 혹은 자기 철학을 평가할 때에는 조심해야 한다. 그러면서 그것은 우리의 철학적 주체성을 부정할 수 있는 위험성이 있기 때문이다.

14

비록 철학적 실력이 없는 존재들이라 할지라도, 그들이 철학을 사랑하거나 좋아하지 않는다고 지적할 수는 없다. 가령 농구 실력이 없는 어떤 이가 누구보다 농구를 사랑하고 좋아하는 경우도 충분히 가능하기 때문이다.

15

칸트와 비트겐슈타인의 철학이 나에게 도대체 무슨 의의가 있는지 끊임없이 물어야 한다. 그것이 그들의 철학을 수동적으로 수용하지 않는 한 방식이기 때문이다.

16

비트겐슈타인이 철학자는 사유 공동체의 주민이 아니라고 말한다. 그의 말은 옳다. 왜냐하면 철학은 결국 내 취향을 정당화하는 일이기 때문이다.

17

이 땅에서 철학하는 하나의 방법은 이야기를 논증적으로 나누고 구성해보는 것이다. 자기가 옳다고 생각하는, 혹은 선호하는 주장을 명백하게 표현하고, 그 주장에 대한 철학적 근거들을 제시하면 된다. 그 주장을 탐탁치 않게 여기는 사람은 그 논증의 설득력 없음을 비판하고, 더 설득력 있는 생각을 논증하면 된다. 이 땅에서 두드러지게 나타나는, 혹은 해결해야 하는 우리의 철학적 문제들이 있다. 서양철학과 동양철학의 문제, 영미철학과 현대 유럽철학의 문제, 철학과 이 땅에서 일어나는 다른 학문들 간의 관계 문제 등이 그것이다.

18

'한국철학'보다는 '우리 철학'을 해야 한다. 한국철학이라고 하면 특정한 철학자들이나 그들의 사유를 의미하는 경향이 다분하기 때문이다. 그 정도로 그 개념은 폐쇄적이다.

19

"한국어로 철학해야 한다. 왜냐하면 우리 사유를 규정하는 것은 언어이며, 한국어에는 한국어만의 고유한 사유 논리가 있기 때문이다." 이 논증은 설득력이 없다. 언어가 우리 사유를 규정한다, 즉 언어 덕분에 우리 사유가 가능하다고 할 때, 그 언어는 특정한 언어, 가령 한국어가 아니라 보편 언어이기 때문이다.

20

사유는 언어에 의해 비로소 가능하다. 즉 언어는 사유 가능성의 필요조건이다. 그렇게 생각하지 않으면 후기 비트겐슈타인이 지적하는 사적 언어에 빠진다.

21

사적 언어는 존재할 수 없다. 그것이 있으려면 사적 규칙에 의존해 있어야 하는데, 사적 규칙이란 불가능한 것이기 때문이다.

22

사적 규칙은 존재할 수 없다. 규칙을 올바르게 준수했는지, 올바르게 준수했다고 생각하는지를 구분할 수 없기 때문이다. 즉 사적 규칙은 규칙의 규범성을 부정한다.

23

언어 불신주의와 언어 적대주의는 틀린 주장이다. 왜냐하면 그것은 언어가 우리 사유와 경험의 가능 조건, 선제 조건이라는 것을 부정하기 때문이다.

24

배우고 때로 익히는 것은 즐거운 일이다. 배우고 때로 익혀라. 왜냐하면 그것이 바로 자기 성장을 가능하게 하기 때문이다. 내가 과거보다 더 많은 것을 알게 되고, 더 인간적 품격을 갖추게 되고, 더 성숙한 행동을 할 수 있게 된다는 것은 내 자신에 대해 존경심을 가져도 될 만큼 즐거운 일이다. 날마다 물을 주며 정성스레 가꾸는 식물이 하루하루 자라나는 모습을 볼 때 우리가 느끼는 그 즐거움을 상기하라.

25

무가 존재한다. 부재가 존재한다. 표현 불가능한 것을 표현한다. 모두 말도 안 되는, 터무니없는, 엉터리 주장이다. 그 주장들은 모두 다음과 같이 올바르게 번역할 수 있기 때문이다. 즉 아무것도 없다. 그것은 있는 것이 아니다. 표현된 것들은 불충분할 수밖에 없다.

26

정당한 지적에 대해서는 정말로 감사하는 마음을 가져야 한다. 외국 학자들의 책 서문을 보라. 거기에서 우리는 진심으로 고마워하는 모습이 어떠한가를 볼 수 있다. 가령 그의 날카로운 비판을 통해 많은 것을 배울 수 있었다고 말한다. 이런 마음이 없다면 성숙해가는 자기 자신을 지켜보는 즐거움을 결코 느낄 수 없을 것이다.

27

철학에서 중요한 것은 개념을 분석하여 개념의 의미들을 구분하는 작업이다. 그러한 작업이 이루어지지 않으면 잘못된 철학적 주장을 하게 되기 때문이다. 가령 배타성과 특이성이라는 개념을 서로 구분해야만 한다. 그렇지 않으면 종교는 언제나 배타적이라는 틀린 생각을 하게 되기 때문이다.

28

비트겐슈타인이 말한다. 상기하라. 그 상기의 대상이 바로 우리 언어와 사유의 선제 조건들이다. 이것들을 상기하는 것이 아주 중요하다. 이것들을 상기하지 않으면, 그 선제 조건들을 무시함으로써 무의미한 주장, 즉 지성적으로 이해할 수 없는 터무니없는 주장을 하게 되기 때문이다.

29

동양적 사유와 서양적 사유를 실체론과 관계론으로 대비시키는 것은 잘못된 것이다. 왜냐하면 관계란, 실체들 사이에서 성립하는 것이기 때문이다.

목소리

30

직접 체험, 직접 체득을 너무 강조하는 것은 바람직하지 않다. 왜냐하면 그것은 인식적, 증거적 가치를 갖지 못하기 때문이다.

31

직접 체험, 직접 체득은 인식적, 증거적 가치를 갖지 못한다. 제 아무리 진실한 것이라 할지라도 그것은 주관적인 것이기 때문이다.

32

진짜 중요한 건 말로 표현할 수 없다는 주장은 틀렸다. 진짜 중요한 철학적 주장을 말로 표현할 수 있기 때문이다.

33

그러나 핵심을 지적해야 한다. 핵심을 지적하지 못하고 이리저리 돌려 말하거나 부차적인 이야기를 많이 늘어놓는 모습은 심미적으로 추하기 때문이다.

34

사실 명제와 가치 명제를 구분해야 한다. 그렇지 않으면 자연주의 오류에 빠지게 되기 때문이다.

35

다양성과 차이를 인정해야 한다. 그렇지 않으면, 자기 생각만 옳다고 여기는 독단론에 빠지게 되기 때문이다.

36

차이 혹은 다양성이 중요하다. 왜냐하면 그것이 획일성이나 강제적 강요를 막아주기 때문이다.

37

길게 넓게 높게 생각하라. 즉 전체적 전망을 가져라. 그렇지 않으면, 편견에 사로잡히기 때문이다.

38

경제학적 관점은 언제나 부분적이다. 그 관점에서는 이익이라는 관점으로 모든 것을 판별하기 때문이다. 또한 언제나, 현재 살아 있는 우리의 이익이라는 관점에서 모든 것을 판별하기 때문이다.

39

유용한 것만이 가치가 있는 것은 아니다. 즉 가치가 있는 모든 것이 유용한 것은 아니다. 무용하면서도 아주 중요한 가치가 있는 것이 있다. 가령 문학평론가 김현은 문학이 그렇다고 주장한다. 문학은 무용하지만 그럼에도 우리를 억압하는 것의 정체를 밝혀주고 우리 자신을 반성하게 한다는 점에서 아주 중요한 가치가 있다.

40

우리 언어가 보여주는 아주 근본적인 구분을 인정해야 한다. 그것을 인정하지 않는 경우에는, 우리 언어의 의미가 상실되기 때문이다. 이런 의미에서 우리 언어와 사유의 근본적 구분을 부정하는 경우에는, 그 부정하려는 철학적 동기의 정체를 해명하는 것이 중요하다.

41

나는 나고 너는 너다. 그런데 이 말이 틀렸다고 주장한다. 나는 너고, 너는 나다. 나와 너는 구분되지 않는다. 만약 그렇게 구분하기 시작하면, 내 것과 네 것이라는 구분이 생겨나고, 그 결과 서로 싸우고 경쟁하는 이기심과 탐욕이 생겨나기 때문이다.

42

상상력의 공간에서 우리는 내가 너인 것처럼, 혹은 네가 나인 것처럼 느낄 수 있다. 따라서 상상력의 공간이 아닌 실제 공간에서 내가 너고 네가 나라는 주장은 틀린 주장이다. 장자는 장자고, 나비는 나비다. 둘은 분명 구분 되지만, 상상력의 공간에서는 장자가 나비가 되고, 나비가 장자가 된다.

43

"그 이야기는 믿을 수 없다. 그 이야기를 보도한 신문이 믿을 수 없는 신문이기 때문이다." 이 논증은 부당하다. '발생적 오류'를 범하고 있기 때문이다. 즉 이야기의 내용과 이야기의 원천을 구분하지 못하고 있기 때문이다. 그 이야기의 내용의 정당성은 그 발생적 원천으로부터 논리적으로 독립적이다.

44

왜 도덕적이어야 하는가? 인간이기 때문에 그렇다. 도덕적이어야 한다. 왜냐하면 인간이기 때문이다.

45

도덕적이어야 한다. 왜냐하면 그것이 우리, 혹은 나에게 이익을 주기 때문이다. 그러나 이익을 주지 않는다 할지라도 도덕적으로 옳은 것은 여전히 옳은 것이다.

46

자유와 도덕은 실천 개념이다. 따라서 내가 자유이며 도덕적 존재라는 것은 내 실행을 통해 내 삶에서 나타나는 것이다. 내가 아무리 자유이며 도덕적 존재라고 소리 질러도 실제 행동에서 비도덕적이라면 결코 나는 도덕적인 존재가 되지 못한다.

47

나는 자유다. 아니다. 나는 자유하다. 자유는 명사가 아니라 동사다.

48

나는 공자가 말한 충서忠恕가 좋다. 이런 개인적 취향에 정당화를 요구할 필요는 없다. 나는 그것을 타인에게 강요하지 않는다. 단지 나의 취향일 뿐이기 때문이다. 강요하는 대신 나는 타인에게 나와 같은 취향을 갖도록 권유할 수 있다.

49

심미적 판단은 보편적이며 필연적이다. 심미적 판단의 필연성과 보편성이 가능할 수 있는 선제 조건, 또는 선험론적 조건은 무관심성과 목적 없는 합목적성이다. 이 두 가지 조건이 없으면 심미적 판단이 불가능하기 때문이다. 가령 무관심성이 없다면 심미적 판단은 과학적 판단, 도덕적 판단, 일상적, 주관적 판단과 구분되지 않는다.

50

예술은 구성적 형이상학이다. 구성적 형이상학은 표현적 묘사의 논리, 즉 상상력에 의존한다. 따라서 예술은 대상이나 실재를 서술하는 것이 아니다. 예술은 행위를 명령하고 강요하는 것이 아니다. 예술은 권유하고 동참을 요청하는 것이다.

51

우리는 마땅히 철학적으로 되어야 한다. 아니다. 우리 각자가 철학적으로 되는 것이 바람직하다. 아니다. 여기 철학의 세계, 철학의 공간이 있다. 여기로 와서 함께 이 세계를 구경해 보면 좋겠다. 이 세계의 즐거움에 함께 동참하여 즐겨보는 건 어떤가. 이 세계에 들어와 함께 즐길 수 있다면, 우리 모두는 취향 공동체의 주민이 될 수 있다. 왜냐하면 철학은 우리에게 명령하는 것이 아니며 어떤 진리를 서술하는 것도 아니고, 우연적이고 자의적인 어떤 것을 이야기하는 것도 아니기 때문이다. 철학은 스스로 공감하여 자기 계몽하기를 권유한다.

52

모든 것을 비판할 수는 없다. 그러나 마치 모든 것을 비판하는 듯한 태도를 취해야 한다. 왜냐하면 이러한 태도가 수동적이며 무비판적인 태도로부터 벗어나는 데 아주 중요하기 때문이다.

53

비트겐슈타인이 그렇게 말했다. 따라서 그의 말이 옳다. 하이데거가 그렇게 말했다. 따라서 그의 말이 옳다. 그러나 비트겐슈타인이나 하이데거가 그렇게 말했다 할지라도, 중요한 것은 그들 주장의 내용이다. 어떤 유명한 철학자가 그렇게 말했다고 그 말을 그대로 수용하는 것은 권위의 오류에 빠진 것에 지나지 않는다. 따라서 우리는 말의 내용, 주장의 내용과 그것을 말한 철학자를 논리적으로 분리해야 한다.

54

칼 포퍼가 말한다. 말하는 동기와 그 말의 내용을 구분해야 한다. 그것이 구분되지 않을 경우에는 반박하는 것이 불가능하기 때문이다. 가령 내가 마르크스 이론을 비판하면, 마르크스 이론의 옹호자는 내가 내 자신의 계급 이익에 빠져 있다고 다시 반박한다. 내가 그 이론을 비판하면 할수록 그것은 내가 계급 이익에 빠져 있다는 것을 보여주는 증거가 될 뿐이다. 따라서 나는 결국 마르크스의 이론을 비판할 수 없게 된다. 그러나 이것은 내가 하는 비판의 내용과 계급 이익에 빠져 있다고 주장되는 나를 구분하지 못한 실책에 지나지 않는다.

55

화가 장욱진이 말한다. 나에게 죄가 있다면, 평생 그림을 그린 것밖에 없다. 그의 말은 왜 감동적인가? 그의 말이 어떤 한 가지 일에 모든 가치를 부여해 온몸으로 사는 한 인간 실존의 숭고함을 보여주기 때문이다.

56

장욱진의 그림이 동양적인지, 아니면 서양적인지 묻는 것은 의미가 없다. 그의 그림은 이 땅에 사는 한 화가의 자기 실존을 보여주고 있고, 그 실존은 동양적, 서양적이라는 범주에 우선하기 때문이다.

57

김형효의 철학적 작업을 향해서도 유사한 지적을 할 수 있다. 그의 철학이 서양철학인지, 동양철학인지 묻는 것은 부차적인 문제다. 서양철학이라고 하기에는 동양철학적인 특징이 너무 많고, 동양철학이라고 하기에는 서양철학적인 특징이 너무 많기 때문이다. 장욱진이 자기의 그림을 그리는 것처럼 김형효도 이 땅에서 자기 철학을 한다는 것이 어떤 것인지 보여주고 있을 뿐이다.

58

가라타니 고진이 말한다. "쓰는 일이 곧 살아가는 일이라는 것을 나는 처음으로 실감하고 있다." 쓰는 일이 곧 살아가는 일이라는 것이 도대체 어떤 것인가? 이제 고인이 된 문학평론가 김윤식은 매일 원고지 20장을 쓴다고 하였다. 어떤 의미에서 그에게는 쓰는 일이 곧 살아가는 일이었던 것처럼 보인다. 이제는 모두 고인이 된 철학자 박이문이나 김형효 또한 우리에게 많은 저술들을 선사하고 있다. 쓰는 일이 곧 살아가는 일임과 동시에 살아가는 일이 바로 쓰고 생각하는 일이다.

59

로티가 주장한다. 우리는 양손잡이 철학자가 되어야 한다. 그것은 우리가 서로 단절된 철학적 대화를 해야 하기 때문이다.

60

철학은 연상적 사유가 아니다. 왜냐하면 철학은 논리적 사유이기 때문이다.

61

나는 그의 철학적 저술을 높이 평가하지 않는다. 그것이 연상적 사유의 흔적과 결과를 보여주고 있을 뿐이기 때문이다. 달리 말해 그의 철학적 글에는 논증이 없다.

62

하이데거는 아름다움, 즉 미美를 존재의 시적 이름이라

고 했다. 그것은 에로스와 관계 있는 어떤 것이다. 미는 존재론적 축성祝聖이다. 존재는 존재자와 다르다. 존재는 존재자에 대한 의미와 이해의 지평이다. 이런 지평에서 존재자를 이해할 수 있다. 미는 진리이다. 진리는 존재의 진리이다. 미는 주관적 만족의 대상이 아니다. 존재의 진리는 사건이며 생기生起이다. 이러한 진리가 세계에 대한 우리의 관계를 바꾸어 놓는다. 그런데 우리 시대에는 이러한 아름다움이 없다. 아름다움이 단지 소비와 만족의 대상으로 취급될 뿐이다. 그러나 이렇게 열거만 해놓으면 철학이 되지 않는다. 철학의 대상은 논증이기 때문이다.

63

아름다움을 소비의 대상으로 간주하는 것은 바람직하지 않다. 그것이 아름다움이 가진 존재론적 진리의 차원을 부정하기 때문이다.

64

현대 사회에서 요구하는 투명성이라는 것은 바람직하지 않다. 그 투명성은 통제적이고 획일적이며, 내밀한 사적 영역을 부정하기 때문이다.

65

사적 영역과 공적 영역을 구분해야 한다. 사적 영역에

대해 투명성을 요구하는 것은 위험할 수 있지만, 공적 영역에 대해 투명성을 요구하는 것은 정당하다고 할 수 있다.

66

모르면서 아는 척 하지 말라. 내가 하고 있는 강한 주장, 그것에 대해 내가 진짜 알고 있는가? 그렇다면 보다 약화된 주장으로 변경하라. 강한 주장을 약화된 주장으로 자꾸 변경해간다면, 하나의 주장이 취향으로 변모하는 것을 볼 수 있을 것이다.

67

예속과 싸워라. 예속에 저항하라. 예속이란 주어진 본성을 억압하는 것이다. 타고난 자기의 본성을 부정하는 것이다. 그것은 자기 자신에게 죽음을 선고하는 것이다.

68

예속에 저항하라. 왜냐하면 예속은 나의 정당한 자유를 억압하기 때문이다.

69

인간은 착한 존재다. 어린아이가 우물에 빠질 때, 누구나 기꺼이 자발적으로 그를 구해주려고 하기 때문이다. 혹은 우리에게는 그렇게 할 수밖에 없는 마음, 그렇게 하지 않을 수 없는 그런 마음이 있기 때문이다.

70

순자가 말한다. 맹자의 주장은 틀렸다. 맹자가 성性과 위爲를 구분하지 못했기 때문이다. 즉 맹자는 주어진 본성과 배울 수 있는 행위를 구별하지 않았기 때문이다. 도덕은 주어진 본성의 문제가 아니라, 배워 행동하는 예의禮義의 문제다.

71

우리는 인간의 궁극적 본질을 알 수 없다. 우리가 지성적으로 유한한 존재이기 때문이다. 따라서 우리가 본성적으로 착한 존재인지, 아니면 악한 존재인지 알 수 없다.

72

궁극적 본질이라는 것은 존재하지 않는다. 왜냐하면 있는 것은 그저 가족 유사성이기 때문이다.

73

신의 존재 문제가 중요한 것이 아니다. 오히려 신의 말에 따라 세상을 정말 그렇게 살고 있는지 여부가 중요하다. 한 기독교인은 그가 생각하는 신의 말에 따라 다른 종교를 배격하고 멸시한다. 따라서 그에게는 사랑을 이야기하고 있는 신의 목소리가 없는 것과 마찬가지다.

74

사마천이 고통스럽게 묻는다. 천도天道가 있는가? 없다. 그런 것은 바로 우리가 만들어나가야 하는 것이다.

75

나는 실존주의가 좋다. 그들이 강조하는 주체성을 좋아하기 때문이다.

76

『장자』에 다음과 같은 구절이 나온다. "세상 모두가 칭찬한다고 더욱 애쓰는 일이 없고, 세상 모두가 헐뜯는다고 기氣 죽는 일도 없다. 내심內心과 외물外物의 구분을 뚜렷이 하고, 영예와 치욕의 경계를 구분할 뿐이다." 비록 장자는 이에 대해 비판적이지만, 즉 내심과 외물을 구분하는 인식에 대해 비판적이지만, 세상 사람들의 평가에 흔들리지 않는 태도, 그런 것은 멋있다.

77

사람들이 그것을 좋아한다. 따라서 그것은 옳다. 그것이 철학적으로 유행이다. 따라서 그것은 옳다. 그것이 철학적 주류의 생각이다. 따라서 그것은 옳다. 이런 모든 논증이 오류다.

78

자기 이야기를 해야 한다. 마찬가지로 학문적으로 자기 이야기를 해야 한다. 자기 심정이나 느낌을 수필적으로, 혹은 표현적으로 이야기하는 것은 학문적으로 자기 이야기하는 것이 아니다. 학문적인 자기 이야기에는 논증이 있어야 한다.

79

다음 논문들에 대해, 설명하거나 해제를 쓰는 것이 아니라, 마치 철학을 처음 공부하는 것처럼, 내 소감을 자유롭게 이야기하고 싶다.

80

러셀의 「지시에 관하여」, 프레게의 「의미와 지칭」, 무어의 「외부 세계의 증명」, 전기 비트겐슈타인의 『논리철학논고』, 카르납의 「경험론, 의미론, 존재론」, 콰인의 「존재하는 것에 관하여」와 「경험론의 두 독단들」, 스트로슨의 「지칭에 관하여」, 후기 비트겐슈타인의 『철학적 탐구』에 있는 규칙 문제와 사적 언어의 논증, 오스틴의 『말과 행위』와 써얼의 『언어행위』에 있는 언어와 행위의 문제, 셀라스의 '소여의 신화', 퍼트남의 『이성과 실재론』에 있는 두 논문, 왜 기성품 세계가 있을 수 없는가, 왜 이성은 자연화될 수 없는가, 로티의 『철학과 자연의 거울』, 그리고 데이빗슨의 「개념 체계라는 바로 그 생각에 대하여」 등등.

81

논증보다는 침묵이나 감탄이 더 중요할 때가 있다. 논증은 우리 사유를 명백히 하기 위한 도구에 불과하다. 그 도구를 적절히 사용할 수 있도록 연습해야 한다. 그래야만 자기 자신은 물론 타인에게도 상처 주지 않을 수 있다.

변명과 취향
철학의 현장에서 기록한 불화의 목소리

초판 1쇄 발행 2019년 9월 5일

지은이 김영건
펴낸이 신동혁
편 집 안희성

펴낸곳 최측의농간
출판등록 2014년 12월 31일 제25100-2017-000014호
주 소 서울특별시 동작구 만양로 19, 707-907
전자우편 choicheuks@gmail.com
블로그 blog.naver.com/choicheuks
대표번호 0507-1407-6903
팩스번호 0504-467-6903

ⓒ 김영건, 2019, printed in Korea
이 책의 판권은 저자와 최측의농간에 있습니다. 이 책 내용의 전부 또는
일부를 재사용하려면 반드시 양측의 서면 동의를 받아야 합니다.

ISBN 979-11-88672-21-9 (03100)
이 도서의 국립중앙도서관 출판예정도서목록(CIP)은
서지정보유통지원시스템 홈페이지(http://seoji.nl.go.kr)와
국가자료공동목록시스템(http://www.nl.go.kr/kolisnet)에서
이용하실 수 있습니다.(CIP제어번호: CIP2019032574)